年収443万円
安すぎる国の絶望的な生活

小林美希

JN053013

講談社現代新書
2684

はじめに

年収４４３万円——安定か、絶望か

年収４４３万円——。

これは、１年を通じて働いたこの国の給与所得者の平均年収の金額だ。

国税庁が毎年発表する「民間給与実態統計調査」では、２０２１年の給与所得者の平均年収が４４３万円で、平均年齢は46・9歳だった。この年齢は、ちょうど就職氷河期世代と重なる。正社員と正社員以外それぞれの平均年収を見ると、正社員は５０８万円、正社員以外は１９８万円だった。

就職氷河期世代を中心に広がった非正規雇用で働く側からすれば、平均年収４４３万円は、夢のまた夢だ。「中間層」が崩壊するなか、正社員以外からの「年収が４００万円もあったら、安心して暮らしていける」との声は多い。しかし、現実はちょっと違うようだ。

平均年収４４３万円というのは、あくまで平均値。中央値は思いのほか低い。年収

平均年収の推移

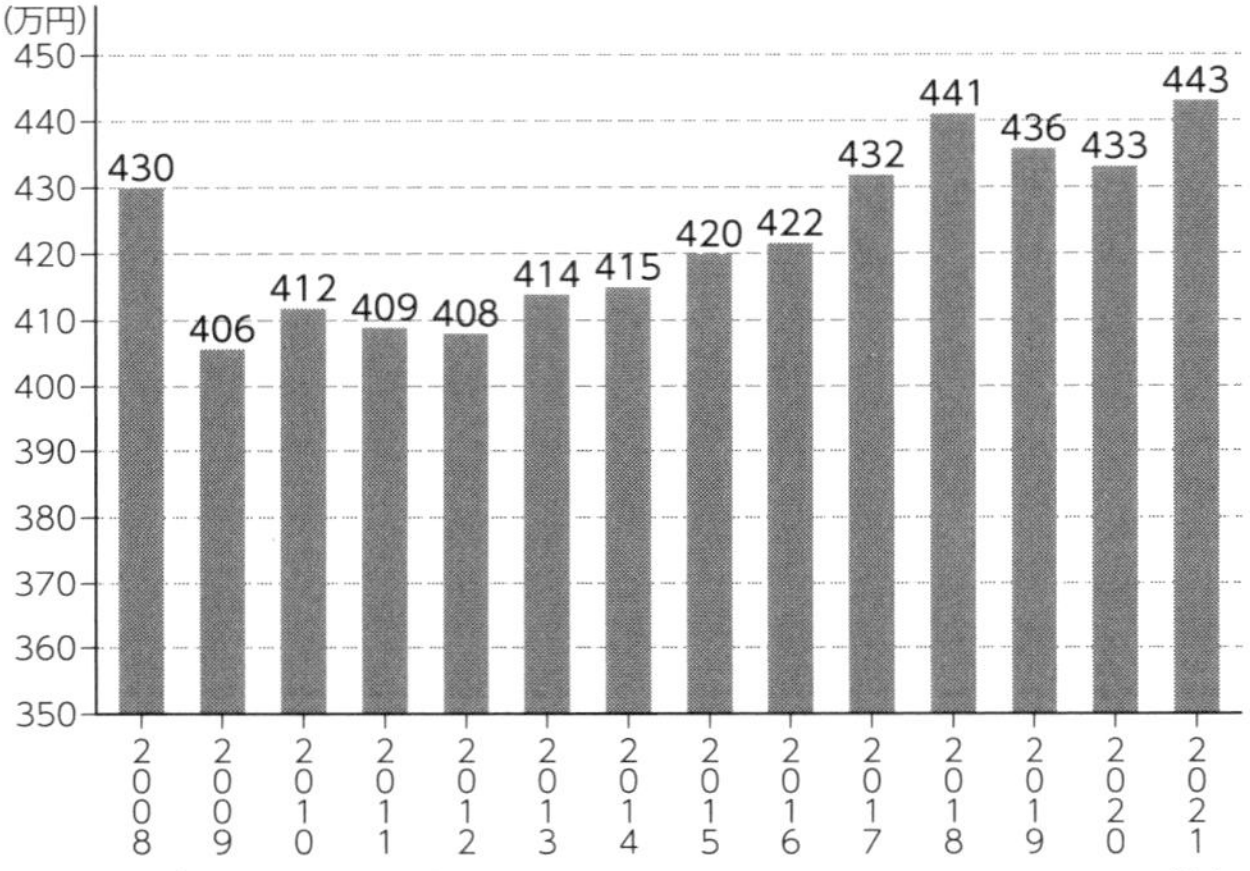

出典:国税庁「民間給与実態統計調査」

の分布を見ると、最も多いのが「３００万円超４００万円以下」で、全体の17・４％を占めている。３番目に多いのが「２００万円超３００万円以下」の14・８％で、３人に１人が２００万〜４００万円の間の収入となる。ここ何年も、その傾向は変わっていない。

それに加え、働き盛りの男性の収入は減っている。

国税庁の調査から、金融不安が起こった１９９７年と直近データである２０２１年の40代男性の年収を比べてみたい。40〜44歳では６４５万円から５８４万円となって年間61万円減、45〜49歳も６９５万円から６３０万円になって年間65万円減っている。

さらに、社会保険料の引き上げなどによって可処分所得も減少。物価は上昇している。もらえる年金は先細りが予想され、老後の資金が何千万円も必要かもしれない。そうした状況のなか、平均年収であることで、どんな生活ができるのだろうか。

平均年収で暮らす就職氷河期世代の取材を進めると、日々、節約に励んでいる。野菜をはじめとした食品価格の高騰で、スーパーで真っ先に手にとるのは、節約の代名詞でもある「もやし」だ。東京23区などの都心では、スーパーの店頭で一袋が27円など、30円を切るのが最安値であることが多い。たまねぎ、じゃがいも、にんじんといった野菜に手が届かず、値引きされた食材を買っていく。

本書では、そうした個々の生活のディテールに迫り、「平均年収では〝普通〟の暮らしができない国」の現実を描いた。就職氷河期世代を中心とした当事者たちが語る、ありのままの生活とは、どのようなものなのか。自分にとっての理想の収入はどれくらいで、たまの贅沢《ぜいたく》とはどんなことなのか。

スタバは我慢、水筒にお茶……

第1部では、平均年収でもこれだけつらいという、一般企業、自治体、病院などで働く40代前後6名を追った。

都内に住む30代の女性は自治体の非正規労働で、年収は348万円。夫の年収と合わせた世帯年収は、約1000万円。十分な収入があるように見えるが、「私は下のほうで生きている」と感じている。スーパーで最安値の買い物をする毎日。割引シールの商品を買うのは当たり前だ。たまには「スターバックス」で「和三盆ほうじ茶フラペチーノ」が飲みたいけれど、トールサイズで705円かと思うと、ぐっと我慢する。ランチに1000円なんて贅沢すぎる。昼食は220円でサンドイッチを買うだけ。世帯年収が1000万円でも、家のローン、子どもの学費を貯金するので精一杯。ワンオペ育児であくせくする毎日で、鬱病にもなった。自分たちの老後も心配で、不安は膨らむ。

北陸地方に住む30代男性は、リーマンショック後の就職氷河期世代。現在、電車の運転士で、年収は450万円。その地域の平均収入を超えている。不妊治療を始めるところで、「いったい、いくらかかるのか」と頭を悩ませている。自分で弁当を作り、水筒にお茶を入れて仕事に出かける。スマートフォンの契約は、「au」から「UQモバイル」に変えて利用料を月5000円ほど浮かせる。妻も同じくらいの収入があるが、5年ごとに仕事の契約が結ばれるため、見通しが不透明。ダブルインカムが続かない可能性もある。男性は倹約して、残ったお金をすべて貯金に回している。

平均年収があっても、多くは家計がギリギリ。得体の知れない将来不安も抱え、出費を抑えている。これでは消費が落ち込み、景気がよくならないのも当然だ。そして、収入が平均値を下回れば、もっとつらい現実がある。

地獄のような日々を生きる

続く第2部では、平均年収を大きく下回る5名を追った。

保育士、介護ヘルパーなど社会から必要とされる職業の収入は、まだまだ低い。新型コロナウイルスの感染拡大が長く続いて不景気となった「コロナショック」の影響も大きい。シングルマザーである、子どもに障害がある、親の介護があるなど、現状の社会で不利な立場にあると、低賃金から脱せなくなる。

北海道の20代の女性は、コロナの影響で大手アパレル店舗での販売員の仕事をなくした。コロナで小学校が一斉休校になると、子どもを家に置いては職場に行けず、仕事を休まざるを得なくなった。国は休業補償の制度を設けたが、当初は労働者ではなく雇用者が申請書を出さなければならず、「あなただけ特別扱いできない」と、女性は会社から助成金の申請を拒まれた。職場に居づらくなり、職を失った。現在、清掃会社と小物販売で得られる年収は１８０万円程度。安定収入のある夫もコロナの影響で仕事がなくなりそうだ。娘の習い事を減らし、中学受験にも難色を示さなければならない。冬場は灯油代の節約のためストーブは一台しかつけず、家族４人が一部屋で肩を寄せ合って過ごした。

就職氷河期世代のゆく先を物語るのが、埼玉県で高齢の親と二人暮らしをする50代男性の例だ。母親の介護が必要で、できる仕事にも制約がかかり、貧困に陥っている。研究者を目指していたが、大学の安定した研究職のポストは少なく、ずっと収入は不安定。非常勤講師で得られる収入は年に200万円程度だ。大学院に通った学費を奨学金で賄い、まだ250万円もの返済が残っている。年金保険料も住民税も未納状態で、ポストには督促状が配達されてくる。カードローンにも手を付けなければ、生活が回らない。ワンオペ介護の日々はまるで地獄のよう。いつか結婚して子どもを——そんな、ささやかな幸せが、どんどん遠のいていく。

第1部、第2部は一人称とし、できるだけ忠実に本人の語り口を再現した。名前はすべて仮名とし、取材時の年齢を記した。

就職氷河期が生み出した絶望する若者たち

就職氷河期は、いつから始まったのか。

1980年代に8割あった大卒就職率が落ち込んだのは、1991年のバブル崩壊後。そこからみるみるうちに就職率は下がっていった。

大卒就職率が初めて６割を下回った２０００年に、筆者は大学を卒業した。大卒でも２人に１人しか就職できないという世界が、筆者にも待っていた。

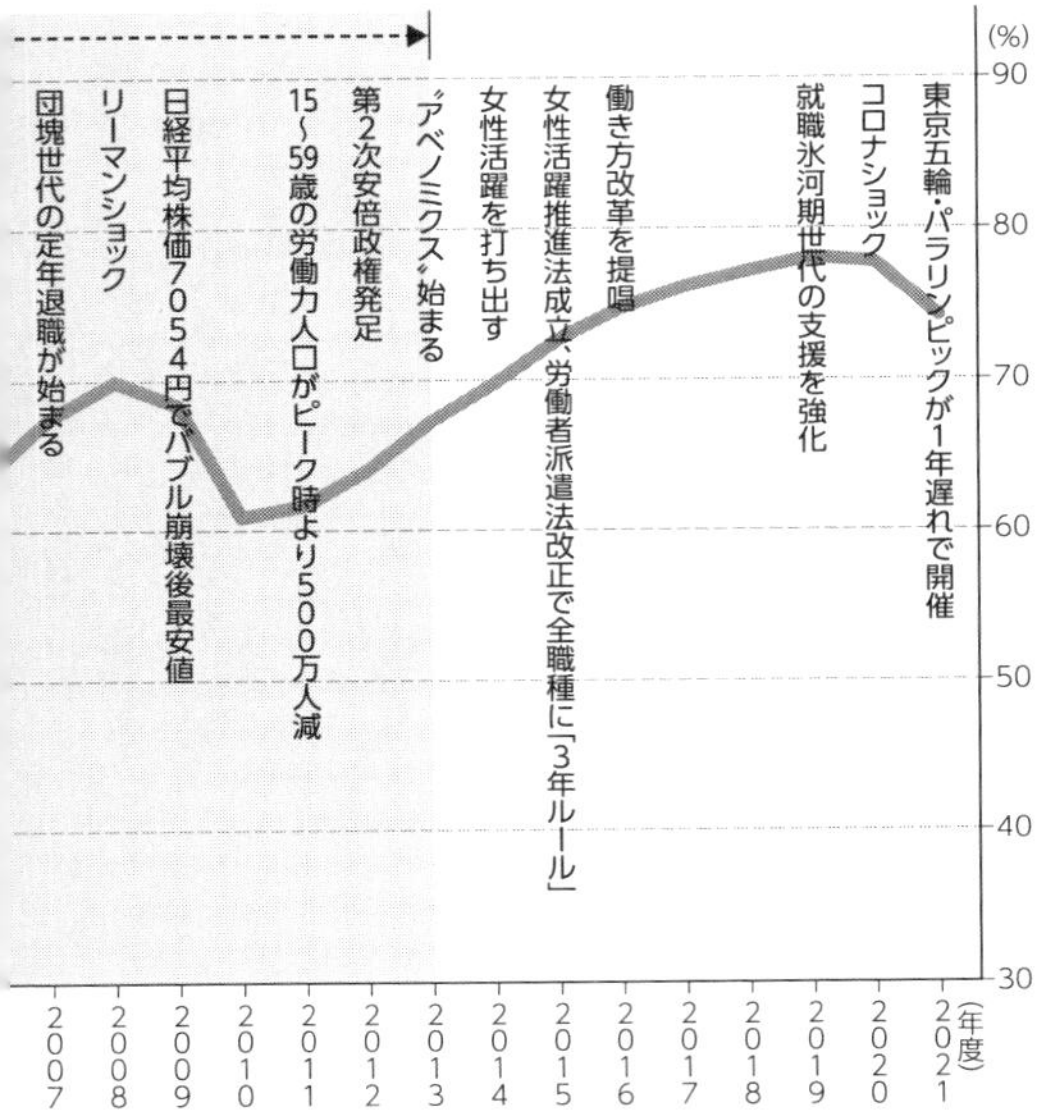

２００３年に大卒就職率は過去最低を更新し、５５・１％になった。同年４月には日経平均株価は７６０７円まで下落した。多くの企業にとっても未来が見えず、雇用環境は激変した。

１９９１年のバブル崩壊、１９９７年の金融不安、２００１年のＩＴバブル崩壊、２００８年のリーマンショック。そして２０２０年からのコロナショック。当然ながら私たちの雇用や生活は、常にその時の経済状況に翻弄されてしまう。

経済記者として社会人のスタートを切った筆者には、大きな疑問が生じた。当時、「失われた10年」から企業利益がV字回復すると、株式市場がITバブルに沸いていた。そのITバブルがはじけた直後、決算説明会で企業がこぞって「当社は非正社員を増やすことで正社員比率を下げ、利益を出していく」と説明したことに違和感を覚えた。

若者の多くが休みなく働き、疲弊していた。正社員になれず、派遣社員や契約社

大卒就職率と社会背景

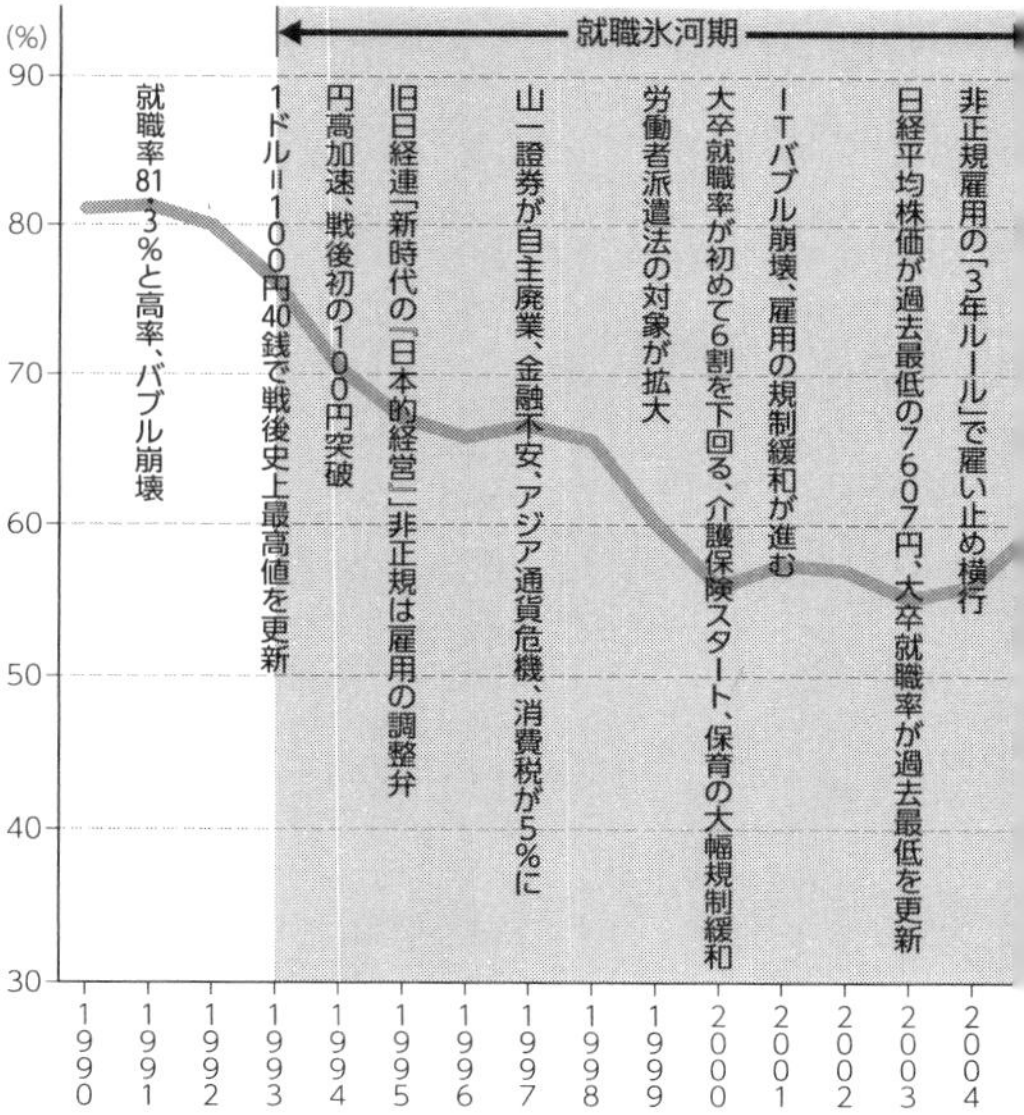

(注) 各年3月卒業者のうち、就職者の占める割合
出典:文部科学省「学校基本調査」を基に筆者作成

員、アルバイトなどの非正社員として働き、心身をすり減らして絶望する若者が多く存在した。若年層の失業率は、約10％と高く、閉塞感が広がっていた。

問題に本気で向き合ってこなかった国

この違和感や閉塞感が何なのか。それを突き止めるため、筆者の就職氷河期世代の取材は始まった。

2003年、内閣府は「国民生活白書」で、2001年時点の15～34歳の若年層のフリーター数が417万人に上ると発表した。社会の関心が若者の雇用問題に向いたが、企業側の買い手市場は続き、労働条件は悪化していく。

雇用の二極化によって中間層が崩壊していけば、働く本人にとっても日本経済にとっても大きな影響があるはず。ミクロの雇用の質の低下は、マクロの日本経済の弱体化にもつながる。

そう筆者は確信し、2004年から、当時在籍していた週刊「エコノミスト」誌で特集し、問題提起した。それ以降、この問題を追っているが、何かが大きく変わったわけではない。むしろ、OECD（経済協力開発機構）加盟諸国から置いてきぼりにな

同じ年収でも独身なのか、妻や子どもがいるかで当然、変わってくると思いますが、僕のように片働きで妻子がいると年収520万円ではつらいですね。

給与が入ったらまず20万円をおろして、自分の小遣いの1万5000円を財布に入れます。残りが家賃などの生活費。娘の学資保険が月2万円くらい。10万円が足りないくらいなので、貯金はできません。手取り40万円ないときついです。年収が700万円あればトントンかな。

娘の学費がこれからどのくらいかかるのか、まったくイメージがつかないです。もう、大学なんて行かなくていい。早く社会人になって。そう思っています。娘はアイドルかトリマーになりたいと言うので、金の稼げる獣医になれって言っています。

「甲類焼酎、バタピー、厚揚げ」という贅沢

こういう状況なので、おごってくれる上司と飲みに行くのが嬉しいです。自分にとってご褒美《ほうび》をもらえている感じがしますよ。

あとは、家で飲みます。「イオン」で紙パックに入っている大きなサイズの甲類の焼酎を1000円くらいで買って、おつまみには100円のバターピーナッツ。88円

の厚揚げを買ってきてフライパンでごま油で炒めて食べる。妻がつきあってくれて、いろいろ話しながらお酒を飲むのが最高ですね。

釣りも好きで、埠頭に行くとカサゴがよく釣れるので、その場で締めて夕飯にする。釣りはお金がかからなくていいんです。

中流以下でも車を持つ理由

車の維持費がかかるのですが、ないと不安で。ガソリン代がかからないように、なるべく乗らないようにしています。

それというのも、東日本大震災の時に、うちの辺りは電力不足で計画停電になったんです。電気や冷蔵庫が使えなくなっただけでなく、情報も入らなくなって妻が不安で不安で仕方なくなって。車さえあれば、エンジンをかけてテレビやラジオもつけられるので、車だけは持っておこうと決めているんです。

車を持っていると、ガソリン代が月5000円。税金や保険で年7万円もかかりますが、土日に買い出しにも行けるし。中流以下の僕は、安いスーパーを探します。「三和」「イオン」「業務スーパー」の常連ですね。

こういう状態で、もし自分に病気が見つかるといけないので、健康診断は受けません。老後のことなんて考えられないですよ。自分には老後が来ないと信じています。

「私は下のほうで生きている」コンビニは行かず、クーラーもつけない生活
――東京都・米田美鈴（35歳）・自治体職員・年収348万円（世帯年収1000万円）

いざとなると板チョコ1枚買えない

板チョコ1枚が350円かぁ。しかも、税抜き。あー、ダメ、ダメ。買えないです、買えないです。つい先日、買い物途中でお菓子を眺めていたら、ちょっと身震いしてしまいました。意外と、欲しいものって買えないんだなって。

私は生まれも育ちも東京23区内で、実家の近くに2年前に家を買って、娘と息子がいて。両親が近くに住んでいて、姉の家族も近くに住んでいるので、姪《めい》っ子と私の子どもが遊べて、すごく良い環境で暮らしていると思うんです。

そして、1年更新だけど、自分が好きな仕事ができている。夫と私の収入を合わせれば1000万円くらいになるんですよ。そこそこ「良い家庭」のはずだけど、なんだか不自由に感じるんです。

さっきの板チョコですけど、フェアトレードで有名な「ピープルツリー」のチョコなんです。だから、板チョコが1枚350円もするんです。税込みだと388円かと思うと、買えないなぁ。

板チョコでしょ？　と思うと、「明治」や「ロッテ」の板チョコでいいじゃん。それも、安いスーパーで、88円で買わないと。消費税がつくと、もっと高くなるし。「底値」とか「得シール」(お買い得)がついてないと買えないです。

私、結構、意識が高いほうだと思ってきたのに、いざとなると板チョコ1枚が買えないんです。高いと思って。

それもそのはずですよ。世帯年収が1000万円あったって、私の仕事は不安定だし、夫の収入は、おおげさにいえば、乱高下《らんこうげ》する。うっかり贅沢なんてしていられないんです。

非正規の公務員、年収は３４８万円

私は今、自治体で非正規の職員として働いているんです。以前は非常勤職員とか、臨時職員と呼ばれていたけど、制度が変わって私たち非正規の職員は２０２０年度から「会計年度任用職員」と呼ばれるようになったんです。

私の自治体では、働くことができる期間は5年が上限。「雇用」されるのではなく、「任用」されるという、一般に馴染みのない世界なんですよね。1年ごとの更新なので、一般企業でいえば契約社員なのかな。

自治体は毎年度の予算のなかで非正規の採用を決めるので、次の年度の予算編成の話が出る夏は、気が気でない。私の仕事が続く予算が組まれるのかどうか。だって、予算がつかなかったら即、失業してしまうんですから。

私は週4日、1日7時間45分働いています。年収は３４８万円。月１１６時間の労働と決まっているので、残業しても残業手当がつくわけではないんです。例えば、残業して月１４０時間働けば、翌月は残業した分を差し引いた92時間が私の労働時間となるんです。ちょっと特殊ですよね。

だから、明日は土曜出勤なのですが、何の手当もつかないんです。上司からは、

「土曜に出た分はなるべく平日に休んで」とか「残業としてつけるけど、出勤した分は休んでね」と言われるけど、なんだか変ですよね。

非正規といっても公務員。予算のなかで生きています。休日出勤しても振替休日もとりきれず、損した気分になります。業務は増えるのに、上司は「残業しないでね」と。それって、予算がないからってことでしょう。

私、去年までいた事務職員の分の仕事もやっているんですよ。稟議書《りんぎしょ》を書いて回したり、決裁の通知文を作ったり。会計処理までして、お金を扱っているんですけど、給料が上がらないって何でしょう？　仕事が増えるけど人員数は同じ。上司が「どうやってやりますか」と聞いてくるのですが、その答え、私が聞きたいです……。

結構、仕事をしているんです。それでも年収は348万円で、私としては納得いかない。夫は「これって、週4日でしょ。フルタイムなら年収400万円だよ。自信もって！　正社員で年収400万円なのと同じだよ」なんて言って、励ましてくれるけど。やりたい仕事だし、仕方ないんですかね。家を買ったローンも返さないといけないし。

10歳年上の夫は、その年によって年収が150万円くらい変わってしまうんです。結婚してからの9年間、平均的には600万円から700万円でした。いいときは8

00万円くらい。

部署の成績次第でボーナスが変動するんです。1回のボーナスで100万円も違う時があるから、大きな買い物でボーナス払いは絶対にできないですね。きっとこれから夫の収入が劇的に上がることなんてないと思うんです。

「私は下のほうで生きている」

私たちの年金って大丈夫なのかなぁ。ずっと前から、漠然と不安になっているんです。年金が出たとしても、きっと生きていけるだけの金額ではないはず。

だから、日々、節約するしかないですよね。コンビニは高いから行かない。そんなの基本中の基本。やっぱり行くなら、安いスーパーの「まいばす」（「まいばすけっと」）ですよ。

「スターバックス」には行かなくなりました。「和三盆ほうじ茶フラペチーノ」が大好きで、たまには飲みたいなぁ。けど、トールサイズで税込み705円なんて出せないです。705円かぁ、って思っちゃって。ドリンク一つの金額でランチに行けるじゃないですか。

ずっと私のなかで「私は非正規で週4の仕事だ」「私は下のほうで生きている」という気持ちがあるんです。その私がスタバなんて分不相応なんじゃないかと。ランチで1000円かけるのも贅沢ですねぇ。そもそも外食するのが贅沢ですよ。節約のために220円のサンドイッチやパンを買って食べています。ちょっと量が足りないけど、いつもお菓子をくれる年配の職員がいて、ホント、助かります。その人は定年退職しているから、余裕があるみたいで、羨ましいですよ。

夫は職場で370円の弁当を頼んで食べているそうです。家を買ってからは、夫はペットボトルのお茶を買わずに、水筒を持っていくようになりました。弁当を持たせてあげればいいんでしょうけど、疲れて作る気がしないんです。おかずを詰める時間がもったいないないし、弁当箱を洗う余裕だってあるわけない。食洗機、欲しいですよ。いやーっ、それも贅沢ですね。子育てと家事と仕事で、分刻みのスケジュールを考えたら、生活必需品として買ってもいいかなって迷います。洗濯機は二槽式だったけど、子育てが大変すぎて全自動を買いました。うーん。食洗機、どうしましょう。

すごく不自由な日常

職場の非正規の同僚と話すのは、「日本って、選択肢あります、自由がありますっていうけど、実際には自分の選択じゃないよね」ということです。

例えば、トマトを買おうと思って、安いスーパーの「オーケー」に行くじゃないですか。卵は10個入りが198円だと買います。200円を切らないと買えない。なんか、これって不自由な気がするんです。

だからチョコレートだって、本当はフェアトレードの「ピープルツリー」を買いたいけど、税込みで388円もするから、明治やロッテの板チョコを底値で買うんです。子ども服は中古、リサイクル、お下がり。だって、すぐ身長が大きくなって着ることができなくなるんですもん。

すごく不自由です。良いものを、ソーシャルグッズを買うのって、すごく贅沢なことなんだなぁ、と思います。本当に欲しいものなんて、選べない。

こないだ「50代、小さな暮らしがおすすめの理由」という記事を読みました。心地いいもので暮らしましょうとか、なんだかんだいって小洒落《こじゃれ》たインテリアが登場するんです。分かるけど、行くのはやっぱり「ダイソー」でしょ？　100円ショップに行っちゃうなぁ。これじゃあ不況になるのは、当たり前じゃないですか。

高収入の姉夫婦は「別世界の暮らし」

3歳年上の姉は、新卒採用で就職した広告代理店で働いています。義理の兄はマーケティング関係の仕事をしていて、夫婦で正社員、高収入のようです。姉夫婦を見ていると、なんだかうちとは〝ギア〟が1つ上の暮らしぶりだと痛感します。

私も姉もアウトドア派で、小さい頃からキャンプ好きなんです。お互いの子どもを連れて一緒にキャンプに出かけるのですが、うちと姉家族はまるで違うんです。うちは原始的な時間を求めて、火起こしひとつとっても、自然の木や竹にドリルで穴を開けて、汚いかっこうで試行錯誤するのが楽しいんです。

姉の家族は当然「モンベル」とかのブランドもののウェアで決めてくる。モンベル、高いですよ。ダウンジャケットが2万〜3万円もするんですから。汚せないですよ。姉の家は、テントもテーブルも高級志向。なんか、優雅なアウトドアなんです。家においている椅子だって、うちは「オリンピック」に行って買うけど、姉は家族4人、子どもの分までブランドものの椅子で揃えるくらいで。

実家に集まって皆で食事をしようというときも、うちは「オーケー」で安いピザを買っていくけど、姉は「ウーバーイーツ」で高そうなものを平気で注文します。会がお開きになって帰る時、姉の家族はタクシーを呼ぶんです。うちは、当たり前のようにバスで帰る。姉のような感じが、不自由のない暮らしができる「中流家庭」というものなのでしょうか。いったい姉はいくら稼いでいるのか。知りたいところですが、聞いたことがないです。姉妹だけど、そこが、なかなか聞けないですね。

「心の豊かさ」はお金でしか買えない？

日々の生活で精いっぱいで、「買う責任」とか「使う責任」を考えるのって、経済的な余裕のある人の話なんじゃないでしょうか。自分たちは違うと思う。責任なんてことを考えること自体が贅沢なことです。

それって、ひと昔前だったら「金持ち＝BMWやベンツに乗る」なんでしょうね。ものの豊かさは、心の豊かさに直結していると思うんです。道徳で習ったような「心の豊かさ」って、結局、お金で買うしかないんじゃないですか？

でも、ママ友と一緒に出掛けたら、ちょっと見栄を張って高級食パンとか高級フルーツを買えないわけではないんです。そこそこ、個人消費に貢献できているかもしれない。それができるのは今、私が働けているからです。専業主婦でいたときは、すごくつらかったんです。

「延長料金300円」を払わないための怒濤の生活

私にとって働くことは必要で、それは家計のためだけではないんです。けれど、小学生の娘には我慢させてしまっていますね。

朝はまず息子を保育園へ送って。自転車に息子を乗せて7時30分に家を出るんです。夫は朝5時30分には電車に乗って会社に向かうので、あてにできない。

息子を送って私が戻るまで、娘が家で一人になってしまうから、猛ダッシュで7時45分に戻るようにしています。そして娘は7時50分に家を出て学校へ行くので、私も一緒に出勤します。

仕事の定時は午後5時15分です。でも、時間通りには終わりません。5時40分にビルのエレベーターに乗ることができれば、ダッシュして駅に向かって5時45分に駅に着き、5時50分の電車に飛び乗るんですよ。駅からまた走って保育園に5時57分に着けば、ギリギリセーフ。

タイムカードを切って6時を回らなければ、延長保育の料金300円を取られずに済むんです。1分たりとも遅れるわけにはいかない。1分遅れても延長料金1時間分の300円取られるので、もったいない。タイムカードに「18：01」と打刻されると、かなりショックです。考えてみたら、この延長料金の300円を払えると思えるのが、今の私にとっての最大の贅沢かもしれないですね。

この300円を払わないということを死守するために息を切らして電車に飛び乗り、乗車時間5分の間に家の冷蔵庫のなかを思い出して、何を食べるか考えるんです。あー、しまった、お米をといでおくの忘れた！　というとき、仕方ないので「サトウのごはん」をレンジでチンしますが、それも贅沢なことです。

いつも大変。帰り道、ああ、お風呂を沸かす予約スイッチを押すのも忘れた、と思い出すと、帰ってすぐお風呂に入れない、と焦ります。お風呂が沸くのを待ってる間に子どもがテレビ見ちゃってお風呂に入らないよぉ……って。夫が帰ってくるのは夜8時です。それまで私一人で、ご飯を作って食べさせて、お風呂に入れて……怒濤のような時間に耐えなければならないんです。

4歳の息子はトイレで用が済むと「ふいてー!!」と私を呼ぶんです。しかも、パパがいる土日でも、お昼ご飯を食べている時でも「ママー！　ふいてー！」なんです。夫は自分が呼ばれず、「よし！」とガッツポーズしていて、すごくイラッとくるんです。

「プチ家出」がうらやましい

こんなに余裕ない生活をしていると、なんで子どもを預けて仕事しているんだろうと、ふと思うことがあります。子どものいる女性がなぜ働きにくいのでしょうね。シングルインカムで生活できない社会だからですよね。

1日12時間近く、子どもは保育園で他人と過ごす。子どもが起きている間に顔を合わせるのは1日3〜4時間くらい。その数時間は、ご飯、風呂、次の日の支度で終わってしまう。「早寝早起き朝ごはん」って、分かるけど、そう言われても困りますよ。無理です。

子育て中の同僚の女性がうらやましいんです。彼女は育児や家事に疲れるとプチ家出するそうで。息子くんが小さい頃から、子育てや家事に疲れると、ビジネスホテルに泊まりに行っちゃうんですよ。彼女が家出すると、息子くんは「この世の終わり」

という顔をするらしいです。でも、「ちょっと、もうダメ。サヨナラ」と言って彼女は家を出るんですって。ああ、私もお金があったらな……私もそうしたいです。うちの家計を考えたら、無理です。

新幹線に乗りたい。地元でない空が見たい。そう思うんですが、今は、自宅から3〜4キロ離れたところに行っただけで「ああー、出かけた」と思ってしまうんです。

思い返せば、娘を産んだ産婦人科病院を退院する前日、どうやら娘は生後4日目にして、私をママだと分かり、私が少しでもいなくなるようなら、それを察知するようになってしまったようです。娘はパパがいても、おばあちゃんがいてもダメ。ママ以外は人にあらずという感じで。乳幼児に慣れている私の母が抱っこしてもダメでした。少しでも私から離れると、ずっとギャンギャンと泣き続け、私が抱っこした瞬間に泣き止むんです。なんで私ばかり大変になるの？　そう思うと、うんざりしてしまうんです。

この時、私は気づいていなかったけど「産後鬱」だったんです。私は、少年団とかボーイスカウト、ガールスカウトも好きで、ボランティア活動も大好き。子どもと接することが好きだったはずなのにと思うと、自分の子のことで鬱になるなんてショックでした。

妊娠すると仕事が続けられない職場

そもそも、社会人としてのスタートが就職氷河期だったことが、私のその後の人生に大きな影響があったのではないかと思うんです。

小さい頃からアウトドア派で、仲間うちでは、姉御肌と言われていたのに、産後鬱になったのは、仕事を諦めたからじゃないかって。私は、いろんな矛盾を感じ続けているんです。

大学を卒業してから、子どもに関する仕事や社会問題を扱う仕事がしたくて自治体の非正規の職員になりました。月収は手取り17万円だったので、それでは自立できないから、実家に住み続けました。

サービス残業が多くて、土日もない状態で。非正規で働いていた20代の頃、同じように非正規で働いていた女性の先輩が妊娠すると、私の職場では非正規の職員に育児休業がないことを知って愕然としました。

先輩は早産しかかって絶対安静が必要になって、そのまま辞めていったんです。長く付き合っていた彼がいた私は、「ああ、私が結婚して妊娠しても、仕事は続けられないんだな」と確信しました。その確信が絶望に変わったとき、彼の転勤、私たちの結婚が決まって、27歳で〝寿退社〟したのです。

昼間は電気を消してクーラーもつけない

東京から離れて知らない土地で始まった専業主婦としての新婚生活は、孤独でした。夫は長時間労働で、夫が働いている間、私はひとり。誰とも話さないで過ごすしかないんです。働きたかったけど、いつまた夫が転勤するか分からないから、普通に職探しができませんでした。パートであっても、急に辞めるなんていえば迷惑をかけることになると真面目に考えていて。

稼ぎがない自分が後ろめたくて、夫がいない昼間は電気を消し、クーラーもつけませんでした。水道代の節約に、トイレは3回に1回しか流さない。そんな生活を送っていました。

たまに地元の友達と会うと「昔は、輝いてたじゃん」と言われ、ちょっとショックでしたね。ああ、今の自分は周りから見てもパッとしないんだなって。

妊娠が分かって嬉しかったのですが、産婦人科で夫の姓で呼ばれると、「私って、いったい、何なのだろう」って思いました。なんで女だから姓を変えなきゃならないの？　なんで、仕事を当たり前のように続けられなくなるの？　と。

でも、女の子が生まれて、やっと「自分は子育てという仕事をしている」と思えるようになったんです。夫から渡される生活費のなかから、「たまには自分のものを買ってもいいか」と思えるようになったら少しだけ明るい気分になりました。

夫はずっと変わらず、長時間労働でした。育児は当然、専業主婦の私の役割となりました。

夫は土日に家にいても、絶対に赤ちゃんのウンチのオムツ交換をしないんです。この頃、私が食器を洗っている最中に娘がウンチをしたことに気づいた夫が「ウンチ出たよー！　臭い、臭い」と私に言ってきました。これ、今も変わってないですが……。ちょっと、私、お皿を洗っているんですけど！　と頭にきて、食器洗いを中断し、手についた泡を洗って「いいよね。オムツ替えない人は」と嫌味を言ったら、夫は逆切れして。ドアをバーンと閉めて寝室に引きこもってしまったんです。

この時ばかりはムカムカして、私も「もう、いい！」と、プチ家出を決行しました。といっても、近所のスーパー銭湯に行っただけ。娘が大丈夫か気が気でなくなって40

分くらいで家に戻りました。母親って、損ですね。なんてパパはお気楽なんだろうと思いました。

部屋の壁に向かって体育座り

そんな生活だったので、鬱病になるまでに時間はかかりませんでした。気分の落ち込みが激しくなって、何もできなくなったんです。夕食の用意をしながら、頭のなかで、どうしよう、どうしようと、ぐるぐるする。子どもは可愛いけど、私、何してるんだろう？　やっぱり、そう思わずにいられなかったんです。

それで、「あ、私はやっぱり仕事がしたいんだ」と確信したんです。でも、2人目の子どもも欲しくて葛藤しました。それからは、鬱が酷《ひど》くなっていきました。

ああ、ご飯の時間だ。野菜を切らなきゃなー。あー、（子どもが）水をこぼしたなー。雑巾があそこに置いてあったよなーと、思うのですが、体が動かないんです。ああ、自分の処理能力が低下している……と思うときは、まるでパソコンの調子が悪くなってしまったように、自分の動きが鈍くなりました。買い物に行かなきゃと思うんですが、動けないんです。

後ろのほうで娘が「グミ、食べたーい」と言っていて、私は遠くから「ダメだよー」というのがやっと。

やっとのことで重い腰をあげてスーパーに行っても、何を買っていいか分からないんです。とりあえず毎回、にんじんとたまねぎとしめじ、パン、卵、牛乳を買って帰りました。

娘が「公園に行きたい」とすねるんですが、公園に行く余裕なんてなかった。家に帰ると、鬱々とした気分が増して「疲れたなぁ」とため息が出て。部屋の壁に向かって体育座りするんです。これが自分のヤバいサインでした。

初めて娘に手をあげてしまった日

虐待防止センターに相談して、鬱の克服を目的に仕事を始めると、やりがいを取り戻すことができました。でも、次の契約更新をする頃に第2子の妊娠が分かって、仕事を辞めました。息子が生まれた直後に夫の転勤が決まると再び鬱症状におそわれて、日々のちょっとしたことが決断できなくなりました。

娘の幼稚園がある日はまだ良かったのですが、夏休みになって子どもと3人の生活が始まると、がくんと気持ちが落ち込みました。息子は夜泣きが激しくて。私の睡眠不足の日が続く一方で、子どもは朝から元気なんです。

もうろうとして苛立って、初めて娘に手をあげてしまいました。娘の胸を足で蹴り飛ばしていて、気づくと娘がワーッと泣いていました。

その時ばかりは、下手をしたら娘は死んだかもしれない。もうダメだ。そう思って、すぐさま実家に電話して逃げるように帰りました。その夏は、ひたすら泣いて過ごす日々を送りました。

夜に体がこわばって眠れなくなって、睡眠薬を常用するようになりました。鬱症状に苦しみながら、赤ちゃんの息子を抱えて、娘の幼稚園のお迎えに行くことに限界を感じて、やっと「誰かに頼ろう」と決めて、自治体が紹介する有償ボランティアの「ファミリー・サポート・センター」を利用することにしたんです。

しばらくしてまた夫の転勤が決まって、実家の近くに家を買って、生活を立て直していきました。そして、やっと仕事に復帰しました。

人とゆるくつながりたい

今は実家の父の手を借りられる日もあります。娘はもう小学生。父に娘の「学童」(学童保育)にお迎えに行ってもらい、夕食時にも家にいてくれると、必要以上に子どもに怒らないでいられます。ご飯を食べている間、父がぼそっと「これ、うまいな」と言ってくれるだけで、家のなかのムードが変わるので助かっています。

よく考えたら、うちは貧困層ではなくて、家もあって、夫もいて子どもが2人いて、近所に住む両親は健在です。でも、今のように家族が助けてくれるとは限らないじゃないですか。

やっぱり人とつながりたいです。そういうときに家の近くに目的なくふらっと立ち寄れるスペースがあって、誰かと遊んだり、一緒にご飯を食べたり。「ちょっとだけお願い」と子どもをみてもらったり。ゆるい雰囲気で助け合えたらいいのになと思うんです。

子育てって、母親だけがするものでしょうか？　他人でもいいんじゃないですか。

娘が生まれたとき、私の姿が見えないとギャン泣きするからトイレにも行けませんでした。そういうときに、「ちょっと娘をみてて」と言える人が近所にいたらいいのに。「ちょっと聞いてよ」と言える相手が近くにいたら。そんなことが実現するシェアハウスやオープンハウス、目的なしに集まれる場所があったらいいのに。いつか、自分でシェアハウスを運営できないかと考えています。

子育てとか家事とか、そんなの関係なく、何もしないでもいられる空間が欲しい。ただ大人がいて、おしゃべりして気分転換する。ライトな感じのシェルターが欲しい。シェアハウスにいれば、私は母でいなくていい。そんな場があればいいのに。

10万円の給付金はラッキーだったのか？

現実を振り返れば、一軒家を買ったローンは夫の名義の借金です。夫の収入だけだと赤字になるけれど、私の給料はできるだけ貯蓄に回しています。何かあったときのため、そして、子どもの学費のため。

田舎なら3000万円あれば広い庭のある家が買えるのに、東京の家ってなんでこんなに高いんだろう。窓を開けたらすぐ隣の家の壁が見えるのに、5000万円もする。35年、マックスでローンを組んで。しかも、生活が楽なわけでないです。

老後に必要な資金は2000万円と報道されて炎上して、すぐ言われなくなったけど、年金って本当にどうなるのか気になって仕方がないです。

日々、消費税を払っているけど、100円の物を買って払った消費税の8円とか10円って、何にどう使われているのか、いまいちよく分からないですよね。っていうか、こんなに分からないことだらけでいいんですか？

新型コロナウイルスが感染拡大した2020年、国から「特別定額給付金」が一人10万円配られましたよね。一瞬ラッキー、って思いました。

でも、冷静に考えたら、なんだ、それって。このお金を受け取るべき家庭って、うちじゃない。家もあって、水道も出て、電気もつく生活ができている。シングルマザーでもっと困っているとか、世帯年収が400万円くらいで大変とか。そういう家庭に限定すべきだって思い直したんです。

この10万円、20万円があったら、どんなに助かるかという人が他にいるのに。ばら撒《ま》きのために国債を発行して借金が膨らんで、巡り巡って私たちの負担になってやってくる。

この国に期待できることはない

夫の想像する子育てロードマップはすべて公立の中学、高校が前提となっているようです。でも、行かせることができるなら、留学させてあげたい。日本にいても、もう、何を期待できるのでしょうか。公教育が無償なら、どんなに助かるかと思います。毎月配られる小学校のおたよりで、教材費やＰＴＡの会費の引き落としの金額が案内されます。日本の公教育って無償じゃないなと、毎月、思い知らされます。

ＰＴＡだって必要なんですか？　わざわざ有給休暇をとってＰＴＡ活動に出て、やっているのはただのおしゃべり。ＰＴＡなんて廃止すればいいのに。やりたい人だけやればいいのに。同調圧力がすごすぎますよね。

今から教育制度が変わったとしても、わが子の代には間に合わない。結局、島国の敗戦国を生き続けている気がするのですが、そんなこと言ったら「左」って言われそうで言えません。こんな話はママ友とはできないんです。

プチ家出しちゃう職場の同僚と、けっこう真面目に話をするんです。世界と比べて日本の賃金が横ばいで、でも商品は消費されずに、あふれかえっている。そこだよ！　支払う場面ばかり増えて、収入は増えない。

これからは銀行預金だけでは資産は増えませんよと、やたらＮＩＳＡ（少額投資非課税制度）とか煽《あお》られて、気持ちがぐらぐらしちゃうけど、なんだか腑に落ちないよね、って。

それなりの年収があったからといって、決して生活は楽ではない。むしろ、大変ですよ。なんで、こんなに大変なんだろう。やっぱり、「自分は下のほうで生きている」という感覚から逃れられないんです。

不妊治療に対する経済的不安……「リーマン氷河期世代」の憂鬱

——北陸地方・吉川耕太（33歳）・電車運転士・年収450万円（世帯年収900万円）

共働きで年収900万円、それでも不安は大きい

地元の北陸地方の平均的な収入より僕の収入は多いかもしれませんが、不安は大きいです。特に最近では不妊治療を始めることで一層、不安になっています。いったい、いくらかかるんだろうって。

何度か転職し、この1年は電車の運転士の仕事をしていて年収は450万円です。

地元の相場からすれば、地方公務員と比べても、もらえているほうではないかと思い

ます。

基本給が20万円、そこに家族手当や運転士手当、通勤手当、残業代などがついてトータルで月30万円。手取りは25万円です。

1歳年上の妻の年収は400万円から450万円くらい。二人合わせた収入は900万円ほどになります。

問題は、妻の仕事は5年を期限とした事業ごとに契約されるようなものなので、5年ごとに失職の可能性があるということです。目の前の収入はあるように見えても、いつ仕事がなくなるか分からない。だから、できるだけ節約しないと。

妻の職場は僕たちが住んでいるアパートから少し離れていて、妻の実家の近くにあります。繁忙期には妻は実家から仕事に出て、週末にこちらに戻って一緒に過ごすという生活をしています。

不妊治療を始めたらいくらかかるのか

1年前に結婚して数ヵ月経った頃、妻と「早く子どもが欲しいね」と話をしました。

それから、妊娠することを意識する生活を送ったのですが、1年経っても結果が出ませんでした。

それで、妻から精液検査を受けてみてほしいと言われ、受けてきたんです。僕の結果は大丈夫だったので、今度は、妻が検査してその結果を待っているところです。もし、子どもができない体質であれば、それはそれで仕方ないです。

もし子どもを望めると分かって、不妊治療を始めたら……。不妊治療が保険適用になったからといって、本当にお金がかからないなんて思えない。いったいいくらかかるんだろう。

不妊治療にいくらかかるか分からないことが、本当に不安です。

2022年の4月から保険適用されたといっても、この先、いくらお金が出ていくのか。体外受精などの「基本治療」はすべて保険適用といっても、「先進医療」もすべてとは限らないんですよ。年齢と回数にも制限があるし。初めての治療開始の時点で女性が40歳未満なら1子ごとに通算6回まで、40歳以上43歳未満なら通算3回まで。そう言われても、どうなるかまったく分からない。治療が高額だと自己負担額も制限がかかるといっても、それって、いくらになるのか。

職場の先輩は体外受精をしないと子どもが授からないということで、保険適用の前ですが、子どもができるまで、うん百万円とられたって言うんです。先輩もコツコツ貯金するタイプだったからなんとかなったそうですが、話を聞いていると、なんだか絶望的になって、自分の顔が真っ青になっていったのを覚えています。

先輩のお子さんは2歳くらいになって、受精卵を凍結して保存しているから2人目を望むこともできるそうですが、奥さんは働いていなくて、経済的に第2子はキツイなぁ、と言ってました。お金がないから子どもをもてないなんて。おかしくないですか？　少子化なんだから、なんとかしてよー。子どもが欲しい人がここにいるのに。

そう思いませんか？

ａｕからＵＱモバイルに乗り換え

結婚して、より一層、倹約しています。削れるものは削ろうと。最近は物価も高くなっているし、コロナで電車通勤する人が減って、本当にうちの会社は大丈夫なのかと心配ですから。

スマホの料金が高いので、「ａｕ」から「ＵＱモバイル」に変えました。そうすると、ａｕの時に月７０００円だったものが、ＵＱなら月１６００円から１７００円で済みますからね。大きいですよ。通信は3ギガで低速ですが、ユーチューブを見るくらいなら大丈夫だし。

会社に持っていく弁当は自分で作ります。お茶も買わなくなりました。水筒を持っていったほうが断然安く済みますから。コンビニじゃあ絶対に飲み物は買わないですよ。買うなら「コストコ」で1本30円の安い水ですかねぇ。

食品が高いですよね。いやぁ、「業務用スーパー」だって、今まで100円だった野菜が120円になり、180円になり……。コストコも値上がりしています。なにもかもが高くなっている。

でも、給与が上がるわけではない。今年のベースアップは年でたった2500円ですよ。いろんな物が値上がりして、胃がキリキリする思いです。まだ子どもがいないからなんとかなるけれど、子どもがいたら、何を削ればいいのか……。

月16万円の生活費を妻と折半

アパートの家賃は2DKに駐車場がついて7万6000円、食費や光熱費、車の維持費、電話料金などを合わせると約16万円かかるので、それをだいたい妻と折半しています。

自分の手取り25万円から8万円を生活費に出して、残りは自分の小遣い。小遣いといっても、無駄なお金はほとんど使いません。新車を買うために毎月5万〜7万円ほど貯金しています。ボーナスは使わず、300万円の貯金があります。

僕の会社は大きくはないので、運転士が多いわけではありません。誰かが年次有給休暇をとると、本来休んでいるはずの運転士が休日返上して出勤することになります。僕は率先してこの「休日残業」をするので月6万円がつきます。これが大きい。逆に言えば、自分の休みを削らないと6万円プラスにならない。これがないと手取り20万円を切ってしまう。僕みたいに有給休暇を使わず働くこともある。

仕事はハードではないのですが、家庭があるとつらいですよね。妻とすれ違いの生活になるので、週によってはまったく会えないこともある。もし宝くじで10億円でも当たったら、会社を辞めますよー。

車もガソリンも高すぎる

本音としては、不妊治療にお金をかけるより新しい車が欲しいです。いつか家を買いたいから車はボロボロの軽自動車で我慢しているので、通勤がつらいです。子どもができることを考えてミニワゴンとか買いたいなぁ。僕が欲しいと思っている車は350万〜400万円くらい。高い、メッチャ高い。中古を見ても高い。半導体不足で3〜4年前より高くなっているみたいです。

車の維持費は、ガソリン代が1リットル160円。安いところを探して150円で入れるようにしています。ガソリン代、年々上がっていて、本当に高くて参ります。コロナ感染が拡大し始めた頃は1リットル120円くらいだったのが、130円になり、140円になって。今は160円。高いでしょう、これ。高すぎますよ。

政府なんてあてにならないですよ。ガソリン代の値上げを抑えるのに、基準価格を1リットル168円で維持して、1リットル当たり補助金を出したといっても、だんだん補助を減らしているじゃないですか。168円を上回ったら、上回る分の35円までなら全額補助で、35円を超えたらその半額を支給といって、期限が2022年の9月末まで。それを延長するといっても2022年の11月になればそれが30円になり、12月は25円になって終わってしまうのか。政治家なんてあてにならないですよ。

冬は雪が降るので冬用のタイヤをつけると燃費が悪くなるし。通勤で片道20キロくらい走るので、通勤手当の月1万3000円では足が出ちゃいますね。会社の近くに引っ越そうかとも思うのですが、いつか両親の世話をする日がくることを考えれば実家の近くがいいし、妻の仕事もあるし。悩みどころです。

今できるちょっとした贅沢は……スーパー銭湯に行くのが自分へのご褒美ですね。地元には温泉が多く、車で7分くらいのところに良い温泉があって1回の入浴料が700〜800円ですが、回数券を買ってお得に通っています。

東京にいた頃もスーパー銭湯に行きましたが、高かったですねぇ。1回1200円くらいするでしょ。地方はいいですよ。車で30分圏内にたくさんスーパー銭湯があるので。

「いつ職を失うか分からない」という危機感

結婚したら、考えは明らかに変わりました。

妻という新しい家族が増えて、家族のために仕事する。あと少しで30代後半になるのですが、そのときどうなっているのかと思います。

今の会社があるのかどうか。電車に乗る人が減って、空気だけ運んでいる日もあるくらいです。もう電車よりバスのほうが使い勝手が良いのかもしれない。鉄道会社では、いつ職を失うか分からないという覚悟でいます。電車を運転していると、コロナで人の行動が変わったのを肌で実感します。

ブラック企業に就職、心身がボロボロに

もともと大学進学で東京に出て、学費は奨学金で賄っていました。親からの仕送りは家賃の5万円だけ。あとは居酒屋でバイトして生活費を稼いでいました。Uターン就職しようと北陸地方で就職活動して、入社したんです。

2008年のリーマンショックから4年後の就職でしたが、まだリーマンショック前の大卒就職率の水準には戻っていなくて、大卒就職率が63・9%でした。厳しかったです。

入社した物流会社はブラック企業で、倉庫で朝6時から夜11時まで働いて、残業を100時間以上しても20~30時間分しか残業代はつきませんでした。そのうち過労で膝が悪くなって歩くこともできなくなり、入社2ヵ月でわけのわからないまま辞めさせられました。

それからニート状態になったのですが、なんとか夢だった電車の運転士になろうとやり直して、東京でも運転士として働いていたことがあります。

けれど東京で運転士をしていた頃は上司からのパワハラが絶えず、ミスをすれば詰問される。「鉄道会社あるある」ですね。もちろん安全のためだとは思いますが、教育的な指導というより、精神的に追い込んでいく、まさにパワハラなんです。社員は心を病んでどんどん辞めていきました。

給料も良くて、休みもきちんととれていたのは良かったのですが、もう、精神的に限界でした。身も心もボロボロって、そのときは自分のことをいうんだと思いましたよね。体重はどんどん減って50キロくらいしかなくなって。美容院に行く気力もなくなって。

でも、奨学金で大学に通ったから返済があるし。どうしても働かないと。ちょうど、故郷の両親のことも考えて、このまま東京にいてもなぁ、と思い始めて、辞めて故郷に帰ったんです。この頃もボーナスには手をつけず貯金していましたが、引っ越し費用に消えました。

運送会社の正社員で基本給12万円

でも、故郷に戻っても運転士って潰しがきかないんですよ。仕事が限られていて。奨学金の返済があるので、もうええわ、って就職したのが運送会社でした。電車の運転士以外の職業も気になって、ドライバーとして働くことになりました。

それまでとまったく違う世界。ライバル会社との価格競争が激しくて、僕の担当のエリアはいくら集荷しても赤字になっていました。通販の品物の配送が多く、安く請け負っているので数をこなす。ドライバーは完全にキャパシティオーバーの状態でした。

それではダメだと思って、集荷先に頭を下げて仕事をとって赤字を改善しました。もちろん、本社からも「営業強化」を命じられます。僕は、配送は早く終えることはできたのですが、営業は嫌いでしたね。ライバル会社でなく、うちにお願いします、って。みんな知らないと思うけど、街中で配送しているドライバーは営業もしているんですよ。営業がとれないと、田舎に異動させられるんです。

正社員でしたが、給与は安かったです。基本給が12万円。それにどれだけ配達できたかで歩合がつくんです。1日に50個しか配達できないと歩合はつきませんでした。お歳暮のシーズンは稼げるので、良いときは月給が手取り30万円のときもありますが、歩合が少ないと手取り月10万円ということも。この頃に交際していたのが妻で、給与が変動しすぎるのでは未来が見えないと思って、転職を決めて、今の会社で働き出しました。

奨学金の300万円は、利子が30万円つきましたが2年前に完済しました。大学時代にバイトで貯めた150万円を卒業するときに返して、残りを働きながら。月1万7000円の返済でしたが、ホント、重かったぁ。特に運送会社で働いていたときは月によって給与が違うので、きつかったです。

大学の4年間、遊ばず、ずっとバイトして150万円貯めて良かった。もし今まだ300万円の借金があったら、終わってますね。オワコンですよ。いくら利子が低いといっても、借りるもんじゃないですね。

運送会社の時は年収350万円、これじゃあ、実家で暮らさないと生活できなかったです。その前の東京で運転士をしていた時は年収430万円。給与は良くても、心身はボロボロでした。

カツカツな生活でもそれなりに幸せ

新しい会社に転職してからのこの1年で300万円貯金しました。コロナで遠出もしなくなったけど、少し前に妻と県外に旅行に出たのは、ちょっとした贅沢です。

でも、普段のこんなカツカツな生活、カツカツな働き方でいいのか、ふと、疑問を持っちゃいますよね。でも、自分のやりたい仕事に就けて、結婚して。だから、良いのかもしれない。複雑です。

でも、悪いことばかりではなかった。

運送会社にいたときの先輩のおかげで前向きな考えになれたんです。過労や上司のパワハラで心身が疲弊しきっていたとき、先輩が「失敗してもクビにはならない。命もとられない。だから、くよくよするな。小さなことは気にしないで、堂々としていろ」と言ってくれて、失敗しても反省してまた頑張れば良いと思えるようになったんです。

東京に居続けていたら、どうなっていたか。こっちに帰ってきて良かった。結婚して、仕事があって、それなりに幸せで。妻の存在、誰かがいてくれるというのは大きな力になっています。だからこそ、子どもが欲しいです。

新聞を読んでいて、ある自治体では年間40万円も不妊治療の助成金を出してくれると書いてありました。僕が住んでいる自治体はゼロです。会社によっても支援が充実しているところは不妊治療に手当を100万円、200万円と支給したり、休みをとりやすくしてくれている。なんちゅう良い会社やと、うらやましくなっちゃいましたよ。

不妊治療と仕事の両立はキツそう……

今まで、子育てしながら働きやすい会社には厚生労働省が「くるみん」認定をしてきたじゃないですか。それが今度、2022年4月から不妊治療と仕事を両立しやすい企業に「くるみんプラス認定」ができて、世の中の流れが変わっていると感じました。

僕も会社に相談したら、費用の負担は無理でしたが、休みはなんとか融通してくれると。ああ、勤める会社によって差があるなぁ。職場には独身者が多くて、既婚者は4分の1しかいないんで、なかなか理解はしてもらえないんでしょうか。

簡単に子どもをもてない人が増えていて、前に勤めていた運送会社の元同僚も20代でもなかなか子どもができずに悩んでいて。タイミング法があるじゃないですか、排卵日を狙ってての。仕事で疲れて夜中に帰って性行為して。朝また起きて出勤して、死にそうになりながら電車を運転しているんです。排卵のあるその週は、もう、死にそうですよ。エナジードリンクでごまかして。不妊治療と仕事の両立、正直、キツイです。日々の生活でも大変なのに、不妊治療は厳しいですよ。共働きでないと無理じゃないかな。

もし、僕の手取りがあと5万円増えて月30万円だと、変わるかなぁ。手取り25万円あれば地元では良いほうだけど、それでも、やっぱり、理想は手取り30万円。そうすれば、このキツイと思う気持ちが変わりそうです。

「リーマン氷河期世代」の憂鬱

僕ら、2008年に起こったリーマンショック後に就職活動をした「リーマン氷河期世代」も気にかけてほしい。リーマンショックの余波のあった僕たち2012年卒の氷河期世代も、内定がとれたのはブラック企業だった。そこで病んで辞めていったのは、僕だけじゃないんです。

でも、やっぱり、僕たちより上の、40代の就職氷河期世代は悲惨だったと思います。運送会社で働いていた時、40代の社員は大学を出ても仕事がなくて職を転々としていた人が多かった。

40代後半の男性社員が、「結婚はしない。高望みしなければ生きていける。アパートで猫と暮らして、猫の餌代を稼いで、車を維持できれば、それでいい」と言っていました。すごく仕事のできる尊敬できる人でした。

安月給、見えない将来。どうしていいか分からなかった。そういう閉塞感があって、やっとそこから抜け出して、それなりに給与をもらっても社会保険料をバカみたいにとられて、税金もたくさん引かれてしまう。だから、手取りでみたら収入が高いわけでもない。どんだけ国から搾取されているの？　年金だってもらえるわけじゃないし、アホらしいですよ、ほんま。

社会に出た時期によって、世代によって、運命が変わる。苦労するか、良い暮らしができるか。そんな差があっていいんですか？　なんで国はそういうつらい目に遭っている人にお金を出して救わないのか。

僕は今、不妊治療にどれだけお金がかかるのか悩んで、車を買うか買わないかを迷っている。生活だって、子どもがいなくて夫婦共働きだからなんとかなっている。できるだけお金を残すために節約して、残業して収入を増やすしかない。それが現実です、ホントに……。

働いて、税金を納めて、社会が成り立つようにしないと。日々、やっていくしかないんです。

教育費がとにかく心配……昼食は500円以内、時給で働く正社員

――東京都・岡本由夏（44歳）・会社員・年収260万円（世帯年収1000万円）

正社員だけど時給、外食はしない

小学生の女の子と保育児の男の子を育てながら大手企業で事務職として働いています。運よく派遣社員から正社員にはなれていますが、なぜか時給で、年収は260万円しかありません。夫の年収が700万円前後なので、家計はなんとかなりますが、自分の収入が少ないままでいいのか、よく考えてしまいます。

コロナが流行してから、外食はしなくなりました。息子がまだ3歳だし、外食する

とみんなの食事が終わるまで待てず、飽きてしまって大変。

たまの贅沢は、休みの日に料理するのが疲れたら、家で焼き肉することかな。ＪＲの駅ビルはクレジットカードで「ＪＲＥポイント」が溜まるので、それで駅ナカのスーパーで割高だなぁと思いながらも惣菜を買ったりするのが、ちょっと気分が良いですね。

娘が「スターバックス」が好きで、ちょっと贅沢しちゃおうかというときは、娘とスタバで特別な時間を過ごす。娘は「スタバ行こー！　スタバ行こー！」と嬉しそうにします。仕事と子育てに追われて、いつも時間がないから、そんなに贅沢できる時間もないですしね。

昼食は５００円以内、小遣いは子どものために

日々、節約です。出勤して昼食をとるのは５００円以内で。ここのところ電気代も高くなって、月に２万円もかかって、驚きました。お菓子も量が少なくなったし。夫も私も小遣い制で、夫は月４万円、私は月３万円。

でも、コロナでお金を使わなくなりましたねぇ。本当は洋服が好きで、前は、毎月、

何か新しい洋服を買っていました。「トゥモローランド」とか「ベイクルーズ」が好きで。でも、コロナで在宅ワークが増えて、洋服を買いたい気持ちも薄れています。もし子どもの教育費を気にせずにいられるなら、月10万円、自分のために使いたいです。結婚前はそうしていました。月に2万円くらいは洋服に使って。

でも、今は2万円を使うのに躊躇《ちゅうちょ》します。学費のためにとっておかなきゃ。夫も趣味のゴルフはコロナで行けないので、小遣いは子どものために回しています。大学まで費用がいくらかかるか考えると、怖くて、怖くて。

今までを振り返ると、就職氷河期、妊活（妊娠に向けた活動）、保活（子どもを保育園に入れるための活動）と苦労の連続でした。

50社受けて内定ゼロ

私は超就職氷河期のど真ん中の2000年3月に大学を卒業しました。数年前に就職活動していた兄を見ていて、すでに厳しいと感じていました。

私はいわゆる「東京六大学」に通っていて、片っ端からエントリーシートを送りました。50社は受けていたと思いますが、まったく箸にも棒にも掛からぬ状態。4年生の夏を過ぎても内定はもらえず、親の縁故で大手の小売店に正社員として就職しました。けれど販売職として店舗に配属され、思っていた仕事と違いすぎて1年経たずに辞めてしまい、両親は激怒しました。

当時はまだ転職することが珍しかったのですが、8社ほど中途採用を受けて弁護士事務所で事務職になりました。弁護士事務所のクライアントは海外法人も多く、深夜2時まで残業がある日もしばしばで、上司はパワハラ気質で耐えきれずに辞めました。

次に教育情報関連の企業に就職しましたが、営業のプレッシャーが強かったです。学校にサービス提供の売り込みをかけるのですが、契約がとれないと社内全体に誰が「成績ゼロ」だった、とメールが一斉送信されるんです。ここは、妊活を理由に辞めました。

「早く子どもを産んで」というプレッシャー

私は31歳で結婚しました。母は25歳で結婚していたので、それより5〜6年ほど遅かっただけですが、実家暮らしで古い価値観をもった親からの刷り込みがあったのでしょう。私も22歳で大学を卒業したら、2〜3年で結婚して出産なのかな、と思わされていた面もあります。父親が定年退職する前に結婚しなければ、と。

親から結婚をせかされ、やれ「晩婚だ」やれ「早く子どもを産んで」とプレッシャーをかけられ、そんな呪縛があったのかもしれません。

25歳で結婚してないし、子どもを産んでないから一人前ではない。結婚したから、早く子どもを産まなきゃ。そう思い込んで、妊活のために会社を辞めました。

私は遅く結婚したのだから、早く産まなきゃ。子宮の病気もあって、授からないのかと思うと、気持ちは焦りました。妊活のために仕事を辞めれば楽になるのかな、という気持ちがなかったといえば嘘になります。

妊活と仕事の両立を考えて派遣社員で働き始めると、3年が上限だと知りました。期限が来ればまた次の職場を探さなければならなくて、大変な働き方だと思いました。

派遣先が見つからない無職状態の時に妊娠が分かり、娘を出産すると、赤ちゃんと二人きりの生活。言葉の分かる大人と話すのは、宅配の業者やスーパーの店員とだけ。夫が帰ってくるまでは、つらい孤独な時間でした。

「3歳まで無理」保活もきつかった

また働こう——そう思って保活を始めました。就活も妊活も保活も、きつかった。役所の保育課では待機児童が多くて「3歳まで無理ですね」と言われ、うちのめされました。認可保育園って、そんなに入れないものなの？　保育園を見学すると、保護者はキャリアウーマンばかり。学校の先生や公務員ばかりのようで、私には無理なんだと。

ママ友が「認証保育園」に行ってみたらどうかと教えてくれました。認可保育園よりは規制が緩い、東京都独自の保育園です。認証保育園なら、正社員でフルタイムでなくても、無職でも入れることを知り、生後3ヵ月の娘を預けることにしました。

毎日ハローワークに通って仕事を探して面接を受けましたが、赤ちゃんがいるので、必ず「熱が出たらどうするの？」と聞かれました。両親は子どもを預けて働くことに反対しているので、頼れません。面接を受ける自信をなくして、だんだん卑屈になっていきました。

けれど、ようやく派遣の仕事が見つかって3年の契約が満了して、次の派遣の仕事を探している最中に2人目の妊娠が分かりました。たまたま妊娠中でもいいと言ってくれた会社が今、勤めている会社です。

最初は3ヵ月の契約でしたが、2人目の子が生まれてからの保活を考えると、そこで契約を継続してもらいたかった。派遣会社に相談すると、出産2ヵ月前まで働いて産休、育休をとることができたのです。

妊娠したら派遣は打ち切りというマタニティ・ハラスメントが多かったけれど、派遣先は常に人手不足で、仕事に慣れた人材であればウェルカムだったようです。無事に息子を出産して、娘と同じ保育園に入ることができました。

そのうち、入っていた保育園は認証保育園から認可保育園に移行したので、ルールが変わってしまいました。認証保育園なら無職でも預けられますが、認可保育園は就労状況が厳しくみられるので、勤務時間と通勤時間で預けられる時間帯も決められます。

派遣より時給が低い正社員？

派遣先の上司が、正社員になってはどうかと、フルタイムで働けば年収380万円という条件を提示してくれました。子どもが小さいことで、上司は1日6時間半の育児短時間勤務制度を使って働けばいいのではと提案してくれ、正社員になりました。

そこまでは良かったのですが、会社はケチだったんです。上司は良い人だったのです。

派遣の時は時給1600円で交通費を含めて手取りは月22万～23万円ありました。派遣にボーナスはないので、年収は220万円くらい。時短勤務する場合は月収を時給に計算し直しても、実働時間での計算ではなく、月給でまとめ、欠勤があればその分を引くのが一般的だと思いますが、うちの会社は違うんです。

正社員になっても給与は時給で、実働時間で計算されるんです。しかも、時給は派遣より低い1400円になりました。月の手取りは15万～16万円ほどに落ちました。ボーナスは時間給で計算され年間40万円くらい出るので年収は260万円程度です。

トータルすれば良いかもしれませんが、業績が悪化してボーナスが出なくなれば派遣の時と収入は変わらなくなる可能性もあります。

派遣だと3年で辞めなければならないし、子どもは小さいし、年収がさほど良くなくても、時短勤務をさせてもらえてありがたいとは思うのですが、この収入では一人で暮らしても家賃も払えないですね。

正社員なのに時給なんです。祝日が多いとその分、労働時間が少なくなって収入が少なくなるので、収入面でいえば派遣と構造がなんら変わらないのです。

子どもも小さいし、数年で雇用が切られることがない正社員はありがたい。けど、時短勤務で6時間半の契約でも、なんだかんだ7時間働いているんです。だったら、フルタイムの8時間勤務と1時間しか差がない。けれど、その1時間で年収は120万円も違ってくるので、なんだかな、と思いますよね。子どもにお金がかかるようになれば、いつまでもこの年収では厳しいです。

学校に対する大いなる疑問

世帯年収は900万~1000万円で、夫の稼ぎで家計は回っています。貯金はさほどできないし、もし夫に何かあったらどうしよう。

自分の収入では育てられないと思うと、どうにかしないと。私たち夫婦の老後だって、2000万円くらい貯金がないとやっていけないでしょう。

入るお金がそのまま出ていく。夫婦で月に50万~55万円の収入になりますが、出産を機に買った一戸建てのローンは35年も続き、月15万円が消えていきます。食費が月に10万円、雑費や子どもとの娯楽費が月7万~8万円。子どもの学費や塾代も用意しないといけないから、学資保険にも入っています。これだけで月々ほぼ赤字。ボーナスで補塡します。

住んでいる地域が中学受験の志向が強く、私は公立で良いと思っていますが、夫は受験させたいみたい。

でも、娘が小学校に入って思うのは、もうちょっと何とかならないの？　ということなんです。教員は子どもたちを従わせるだけ。子どもたちに考えさせる授業をしていないと感じるんです。うちの子は勉強が好きでないから、よけいに勉強が嫌になる。

私でも、もう少し面白く教えられるのに、教員がちゃんと考えて教えているように見えないんです。だったら、公立中も期待できないのかなとも感じてしまって。

体操服を忘れたら授業は参加できず見学って、何？　と思いませんか。時間割を見ると、3日も体育が続くことがあって、汗もかくし、気持ち悪いから持って帰って洗ってあげる。けど、乾かないことだってあると学校は思えないのかなって。動きやすい服を着ていれば、体育の授業に出てもいいんじゃないのかって、普通の感覚なら思いませんか。

学校って違うんです。教員は違うんです。まるで大昔の軍隊組織みたい。なんでそんなことをいつまでもやっているのか不思議で仕方ないんです。一事が万事、えー、何それー!?　みたいなことばかり。

学校って、公立の小学校って、なんなんでしょうね。学校がお役所なんですね、先生も役人みたい。教育環境が教員を役人のようにさせてしまうんでしょうね。だから、私学のほうが良くなってくるのかもしれません。でも、教育費がいくらかかるのか。これ、大きな疑問です。

お金をかけないと教育できない社会って、何なのでしょう。公立の質が低いのは、税金がきちんと使われていないのと同じですよね。海外に行かないと、良い教育を受けられないかもしれない。

子どもは好奇心の塊だと思うんです。それなのに、「学校に行きたくない」と言うのって、何だろう。子どもが行きたいと思える場所じゃないんですよね。

特に公立は同じことを同じようにさせられる。公立の小学校に行って、子どもが「学校がつまらない」「学校に行きたくない」と言う。なんで？　と思うけど、冷静に考えたら、学校が面白いことをやっていない。子どもがやりたいことをできない。

だから、中学は私立に行く。でも、それって、おかしいと思うんです。学習指導要領を作る文部科学省の官僚がつまらないからダメなんじゃないかと。

子どもの「やりたい」をさせてあげたい

大学だって同じです。最近、「10兆円大学ファンド」ができるというじゃないですか。大学にファンド投資して、利益や成果を求めていくということですよね。

そうなったら、学問の場で、利益が求められて、利益が出ないならやらない。企業のようにすぐに効果や利益を求めるってことですよね。お金のために、利益のために、そんな考えが学ぶ場である大学に持ち込まれ、一般企業の経営を真似ると、ますます勉強がつまらなくなるんじゃないでしょうか。

この子たちが大人になる頃、今の税金の無駄、政治の失態がすべて子どもたちの将来のツケとなって回ってくる。そんなことばかり考えてしまいます。

だからこそ、子どもが何かを「やりたい」と言ったとき、すべてさせてあげたい。それにはお金を貯めておかないと。

3人の子育てをしながら月13回夜勤をこなす看護師の激務
――北陸地方・山木晴久（42歳）・看護師・年収670万円（世帯年収1300万円）

仕事、子どもの面倒、仕事のループ

僕も妻も看護師なので、家のなかでは毎月、夫婦で勤務表と睨《にら》めっこです。病院に勤める以上、夜勤はつきもの。24時間365日を交代で勤務します。違う病院で働いているので、夜勤が重ならないようにお互いの上司に勤務の希望日を出すんです。

看護師の世界では、病棟や外来などの部署単位の直属の上司を「師長」と呼び、師長が勤務表を作ります。

僕らは子育て中で、高校生、中学生、小学生がいるものですから、両親そろって夜勤になってはいけない。いない間に大地震でもあったら大変です。どちらかが家にいるように師長に頼んでシフトを組んでもらっています。だから家族全員が揃う日は、なかなかないんですよね。

勤め先の病院は3交代で勤務するので、1日を日勤、準夜勤、深夜勤に分けて働きます。

病院によって多少の違いはありますが、おおむね日勤は午前8時から午後5時まで。準夜勤は午後4時から午前1時まで。深夜勤は午前0時から午前9時まで、というようにしてシフトが組まれます。それぞれ1時間重なるのは、バトンタッチするのに、患者さんの状態を申し送りするためです。

たとえば、「日勤―深夜」というシフトだと、こんな感じになります。

朝8時から夕方5時まで働いて、その日いったん帰宅します。僕は家に帰ると、もの10分でご飯を食べて風呂に入って、夜8時から9時に子どもの塾や習い事のお迎えに行って。まるでピンポンダッシュのように動いて少し休憩したら、もう次の勤務が始まります。

当然、疲れて帰って、ちょっとビール、なんてできません。日勤が終わった数時間後の夜11時過ぎにはまた家を出て車で病院へ向かいます。家事や子どもの面倒をみないで寝るのは無理ですから、1時間ほど横になれれば、いいほうです。深夜0時からまた深夜勤で朝9時まで働いて、日勤の看護師に仕事を引き継いで帰る、ということになるので、とてもキツイです。

自分の睡眠時間や余暇時間を削らないと、子どもたちがカギっ子になってしまう。親に助けてもらって3世代同居という話もあるかもしれないけど、聞くとギクシャクして大変だって言うじゃないですか。だったらなんとか自力でやったほうが良いかなぁと思うんです。

子ども2人は無理、住宅ローンもイヤ

20代の若い看護師と話していると、「結婚しても、子どもはたくさん産まない、無理したくないから1人で止める」と言うんですよ。僕ら先輩看護師を見て、そうなりたくないって思うんでしょうね。

自分の生活の質を落として、生活が追い込まれるから子ども2人は無理って。仕事のことで出産にブレーキがかかるのは残念だと思います。

若い子がよく「住宅ローン!?　イヤっすねー。家を買いたい欲はないっすねー」と話していて、30歳前後だと、やっぱり独身が多い。救急病院の看護師だと特に忙しいから、余暇時間がなくて出会いの機会も減ってしまうのかもしれません。

コロナのクラスター発生で月に13回夜勤

ただでさえ普段から大変なのですが、病棟でコロナのクラスターが発生したときは、もう本当に死ぬ思いでした。コロナ感染や濃厚接触者になったことで看護師が10人も休まなければならなくなり、現場から抜けていきました。

他の病棟から応援の看護師を派遣しても限界があります。普段は看護師8人で夜勤を回すところ、5人で回さなければならなくなりました。

何もなければ1ヵ月に8回くらいの夜勤回数なのですが、13回も夜勤に入りました。ひと月に21日勤務日があって、そのうち13回が夜勤という異常事態になったんです。

コロナのクラスター発生で、当然、僕も夜勤は増えて休みは返上になりました。師長がその日その日で勤務表を組み替えて、夫婦で家を空ける日ができやしないか冷や冷やしました。

日勤のときも夕方5時になんて仕事は終わりません。夜9時半までかかってやっと次の勤務者に申し送りをして、結局12〜13時間勤務。他の病棟から派遣された看護師も感染してしまって、コロナ病棟にしてみれば、人手不足の「止血」にはなりませんでした。

仲間の看護師からくる連絡は、看護師の感染が広がって誰が指揮して統括するのか分からない、一分も休めずトイレにも行けないという不満と不安でした。

リスクだらけの仕事に見合わない賃金

僕は精神科病棟に配属されているので、コロナが流行し始めるとホントに、もろいものだと思いました。患者さんにコロナ対策で「人と離れてね」と言ってもダメだし、「マスクをつけて」と言っても意味が分からない。認知症で長期入院している人もいる。だから、どんどん感染が広がってクラスターになってしまって。

もともと精神科病棟は、病院を脱走してしまう「離院」などの事故防止のために、勝手に病院を出てしまわないよう閉鎖しているので、より一層、感染が広がってしまうんです。

コロナ病棟に応援にきた看護師は、万が一にもウイルスを家に持ち帰って家族にうつしてはいけないと、ホテルに泊まって勤務する人もいました。元の病棟に戻りたくても、そうすると他の看護師をコロナ病棟に差し出すことになるからジレンマを抱えながら働く人も多かったのです。

実際、コロナ病棟に応援に行って感染した看護師もいました。赤ちゃんのいる看護師で、ＰＣＲ検査で陽性と分かって家には帰れないと、車のなかで待機しながら保健師の連絡を待っていたそうです。

応援に行けば看護師だって感染する可能性があるのに、何の段取りもなく放置される。こんなのって、あります？　僕ら看護師はリスクがあっても闘うのに、あんまりですよ。

夜勤明けはふらふらになって車を運転して帰って、交通事故に遭うケースだってある。だから、看護師が仕事に見合う賃金を得ることは最低限、必要なことだと思います。

年間収支を計算すると「残るのは30万円」

妻は子育てのために3年前まで育児短時間勤務で朝から夕方4時までの勤務でした。今はフルタイム勤務で年収５００万円くらい。僕の年収が６７０万円くらい。子ども3人の児童手当も入れると、世帯年収は１３００万円になります。

同じ規模の病院の看護師でも、民間病院だと僕より10歳年上でも年収が５００万円くらい。師長になると私の収入と同じくらいになるそうです。看護師の賃金がどのあたりが平均なのかはよく分かりませんが、公立で高いからといって、決して生活が楽とは感じられないです。

家のローンは低金利だとはいえ月７万円を返済するので、年間84万円になります。家族５人の食費は月７万円ほどだから年に80万円。水道光熱費が月７万円で年84万円。学資保険が月６万円で年に72万円。固定資産税が年20万円。子どもの習い事が月５万～６万円だから年に60万～70万円。これだけでも年間に４００万円の支出になります。

僕の年収の手取りは５５０万円なので、収入のほとんどがなくなり、残るのはだいたい70万円。そこから細々と、個人型確定拠出年金の「イデコ」に月１万２０００円ほど投資したり、財形貯蓄をしたり。車の税金を払って、ちょっとした食事に出かけたりすると、最後に残るのは30万円くらいかなぁ。そんなに貯金はできていないです。

先輩の話を聞いていると、子どもが国公立大学に入っても、あぁー、お金がかかるなーって思いますよ。

うちは学資保険と児童手当の貯金分で６００万円あるけど、国立でも都会で下宿したら仕送りであっという間に４００万～５００万円なくなるよー。そう思うと、ええーっ。ぜんぜん足らんよー。都会は恐ろしい。

私立の医学部は、4000万円もかかるんです。看護師の友人が、そんなにかかるなら、専門学校に行ってもらうしかないと話していました。地元の国立大学に進んでくれたらいいけど、だったら薬学部とかなのかなぁ。

ビールを飲むのをやめ、好きな釣りにも行けない

3人子どもがいるので、節約は必須ですよ。ビールを飲むのをやめて、洋服もなるべくお金をかけず、なるべく外食しないです。

けれど、友達の30代の看護師は、子どもが1人で親と同居しているから、すごいですよ。よく外食に出かけて、それも3万円のお寿司を食べて「美味しかったー」って。うわー、いいなー、と思いますよ。車も6~7年乗ったらもう、400万円もする新車に替えていて。

友人は親と同居しているから、子どもは親に頼んで、うちのように勤務希望も出さずに済みますし。うちより年収が1000万円少ないのに、友人の貯金は3000万円もある。

うちは、頭金1500万円で1000万円のローンを組んでいるけど、親と同居すればローンも光熱費も少なくなる。親と同居するだけで、1000万円から3000万円くらい可処分所得が変わるんですね。

比べても仕方ないけど、うらやましいなと思います。子どもの人数で、食費も習い事や学費もずいぶん変わってきますからね。

気晴らしに釣りに行くのが好きでしたが、今はなかなか行けません。3年前までは妻が時短勤務で夕方4時には家に帰って一手に家事や子どもの習い事の送り迎えをしてくれていましたが、今は妻もフルタイム勤務。二人で勤務表と睨めっこしているくらいですから、釣りに行く余裕はなくなりました。そろそろ年なのか、馬力もなくなってきましたね。コロナもあるし。

子どもたちも我慢している

生きがいは、子どもがスポーツに打ち込んでいるのを応援することです。だから、どんなに忙しくてもスポーツの練習の送り迎えは楽しいものです。

ただ、コロナで大会が中止になったりして、子どもの心が折れないか心配です。県大会に進んで全国大会も出るくらい得意なんです。

コロナで子どもたちもずいぶん我慢しています。なのに、日本はコロナの最中にオリンピックを開催しましたよね。多額の費用をかけて。

あの時は、看護師も駆り出された。大人の都合で、なんという矛盾したことをするのかと怒りが収まりませんでした。特に子どもたちの、その時しかできない経験はどんなものにも代えられないのに。

子どもたちは、社会とのつながりから自分の存在意義を知って、自分って何？　と感じながら生きていくものでしょう。それがスポーツの試合であったり、修学旅行であったりすると思うのに、そうした行事や課外活動がなくなってしまって。見ていて可哀想でしたよ。

不登校だって増えている。小学生の子どものクラスは4人も学校に来られないでいる。学校だけでない居場所が必要なんじゃないかなぁ。

授業だけでなく、行事やスポーツ、先生や親以外の大人から学ぶことは多いのに、パーティションが置かれてしまっている。だから、自分が大変でも習い事の送り迎えはしてあげないと。

仕事、子育て、睡眠……パズルのような生活

夜勤は体力を奪います。もちろん精神的にもつらくなります。若いときは子どもに手がかかってもなんとかこなせたけど、今は体力がなくなっているのを感じます。けれど、まだ持ちこたえられるのは、給与がそれなりに出るからだと思います。

夜勤の身体への影響についての研究が注目され、看護師不足の解消のために労働環境を良くしようということで、この頃は人間の身体のリズムに合わせた「正循環」というシフトの組み合わせが重視されるようになって、「日勤—深夜」や「準夜—日勤」という組み合わせはしないように配慮されています。さきほど、「日勤—深夜」の生活パターンは話しましたが、看護師にとって「準夜—日勤」もつらいんです。

準夜勤だと、夕方4時から深夜1時まで勤務して帰宅します。夜中に家に帰って風呂に入って少し眠れたらいいですが、朝また8時から仕事が始まるんですから。

夜中は看護師の人数が少ないので、病棟を走り回っています。緊急入院する患者さんがくればバタバタです。残業も多い。それで数時間後にまた勤務。日勤だって、検査や手術など濃密な業務が待っています。

だから、最近では「深夜―休日―日勤―日勤」とか「準夜―休日」というシフトが組まれて、勤務と勤務の間も11時間以上空けるようになっています。

「準夜―日勤」だと間が4〜5時間しか空かないのでアウトになりました。でも、その配慮が良いのかどうかといえば、生活者の視点が抜けているんじゃないかと思って、疑問なんですよね。

せっかく休みでも、深夜勤があると思うと、お酒は飲めません。出歩いて疲れてもいけないから、結局つまらない休日になります。準夜勤の次が休みということは、夜中に仕事が終わって帰ったその日が休みなので、中途半端になります。

土日に家族が揃っても、できることは制限がつくし、夫婦が看護師で夜勤があれば滅多に土日に2連休は巡ってこない。子どもの運動会のときは、「深夜―深夜」にしてもらっています。そうすれば夜勤をして朝9時半に帰宅して、寝ることはできないですが、確実に運動会を見に行ける。運動会が終わってから深夜にまた出勤するんです。

だから、勤務間に11時間のインターバルがあったとしても、家族との時間を考えると、十分な睡眠はとれないんです。でも、病院としてはインターバルを入れることで義務は果たせちゃう。

夫婦だけで夜勤をこなして子育てするのは本当に大変で、生活がパズルのようです。まったく寝ないで勤務すれば医療安全が守れなくなるので、子どもが帰ってくる前のちょっとした隙に寝とかんと。

夫婦共に正職員で夜勤に入って子育てしている家庭なんて、そう多くないと思います。多くは妻がパートになったり仕事を辞めたり。あるいは親を頼ったり。そうしないと生活が回りません。

日本の看護師不足は変わる気配なし

大変でも夫婦でフルタイムで働くのは、お金のためです。

子ども3人を育てるには、やっぱり妻が短時間勤務のままの収入では厳しい。妻がフルタイムになると、月6万円ほど収入が変わりました。3年前の時短勤務の時は年収310万円でしたが、フルタイム勤務に復帰して今、年収が500万円になったのは大きいです。2馬力でないと厳しいですよ。

僕は労働組合の役員をしているので、看護師の労働条件はしっかり守っていきたい。もしコロナに感染すれば、それは公務災害です。そういう知識がないと、看護師だから仕方ないといって疲弊して辞めていくことになる。いつまでたっても看護師不足のまま。

働いている看護師、保健師、助産師、准看護師は全国に160万人いて、国はずっと200万人体制を目指すといいながら実現しません。毎年看護師の10人に1人が辞めているのです。

看護師だって人間としての生活が守れなければ、辞めていく。そして、看護師が過労状態にあったり、賃金が仕事に見合わないと思って辞めてしまえば、患者さんのことだって守れないんです。

だから、なんとか若い人も含めて、組合活動を広げて、働きやすい職場作りをしていきたいと思っています。

夫婦で手取り65万円、「ウーバーイーツ」の副業でちょっとした贅沢を実現
――東京都・葉山徹（41歳）・倉庫管理・年収660万円＋副業（世帯年収約1500万円）

倉庫会社で働き、副業で「ウーバーイーツ」

もともとは保育士だったのですが、あんまりブラックだったので辞めて、今は倉庫会社で働いています。副業で、デリバリーの「ウーバーイーツ」もやっています。倉庫の仕事は、商品の受注、発送の手配がメイン。深夜0時から朝9時までの夜勤をやっています。

妻は公立保育園の保育士です。妻の休みの土日、夜勤明けで家に帰って、妻と子どもが二人で寝ていると、二人の朝ごはんを作ってから1時間くらい寝ます。その後は、娘と遊びに出かけます。平日、帰宅してから眠くない時とか、気分転換に外に出たいときにウーバーの仕事を入れています。

倉庫の仕事は、手取りで月35万円。額面だと41万円くらいですね。ボーナスは業績に連動するのですが、夏は90万円、冬は75万円でした。倉庫の年収は660万円くら

いになりますね。夜勤でキツイけど、給与が高いので辞められません。

ウーバーは週払いで、すごく頑張ると5万円、ちょこちょこやると2万円。家にいて何もしないより、外に出て稼いだほうがいいですよ。楽しいし。僕にとってはウーバーは面白いですよ。素敵なお店を知ることができるので、家でストレスがあっても気分転換になります。

夫婦で手取り65万円の生活実態

公立の保育士は地方公務員になるのですが、48歳の地方公務員だと考えると妻の収入は、そう多くはないです。月々、給与から積み立て3万円、生命保険の掛け金を3万円支払って税金などが引かれると、手取りは月30万円です。二人合わせて手取り月60万〜65万円。僕の35万円を生活費にし、妻の30万円は貯金に回しています。

僕の本業の収入は家族のものなので、ウーバーの収入分で、自分のお酒や娘の服を買っています。

普段なら1000円のスニーカーを買うところ、ウーバーで少し稼ぐと「ナイキ」のエアマックスの8000円のスニーカーを買う。ちょっとした贅沢ですね。帽子が好きで、前はキャップを980円くらいで買っていましたが、ウーバーは副収入だから、「アディダス」が少しくらい高くても買えちゃいます。

でも、背伸びはしません。帽子の「ニューエラ」というメーカーも好きなんですが、欲しかったものは定価だと6000円くらいするんです。それはネットで安いものを探して、セール品を3800円で買いました。

本当にちょっとしたことですが、ウーバーでお金が入ったら、牛肉をアメリカ産でなく国産の、しかも、九州産とか産地にこだわってみるとか。普段は安いスーパーだけど、「成城石井」に行っちゃおうかなー、って。

ウーバーからの振込金額を見て、「ああ、今週は頑張った。このお金で娘に何を作ってあげようかな」とメニューを考える。唐揚げが好きなんで、今日は徳島産の鶏肉を買おう！　副業のおかげで迷わず買えるのが良いですね。

「モバイルSuica」だって、お金に余裕がなければ1000円ずつチャージしますが、副業のおかげで1回に5000円チャージできるようになりました。これって、贅沢なことです。今まで、残高ギリギリまでチャージできなくて気づいたら13円しかないという感じでしたから。

僕は妻と付き合い始めてからずっとバレンタインにプレゼントを贈っているんです。このないだは、妻が新しい掃除機を欲しがっていたので「電気屋に行くよ！」と誘うと、妻が「何？　何？」と驚いて。電気屋で、「お金は気にしないで好きなのを選んでください」と言って、3万3000円の「ダイソン」の掃除機を買ったら、その帰り道に妻が「昔はこんなの買えなかったのに、大人になったね」と言っていましたよ。

そうした贅沢ができるのは、副業があるからです。本業だけではできません。二人の収入を前提に生活したら怖いので、妻の収入は全て貯金に回します。

前は妻には保育園のシフト勤務で遅番・早番の手当がついたけど、今はカットされています。公務員といっても安泰とは言えない。福祉職はそう給与が高いわけではないですし。いつ自分が死ぬかなんていうのも分からないんだし。老後にいくらかかるのかも分からない。

家賃9万5000円、娘に寄り添う暮らし

都心に住んでいるのですが、家賃9万5000円の賃貸マンションで暮らしています。ファミリータイプの賃貸マンションの相場は13万円くらいじゃないでしょうか。

子どもができて手狭になったので引っ越したいけど、家賃は抑えておきたい。これからもし一戸建てを買おうと思うと、この辺りの相場は3階建ての狭い家でも7500万円もします。分譲マンションも同じように高い。

娘は小学1年生、これからいくらでもお金がかかるだろうし、貯金しないと。僕も、いつコロッと逝くかも分からないから、少しでもお金は残しておかないといけない。

それに、娘が小学校に行きたがらない日が多くて、いつも一緒に登校しているんです。妻は保育園でシフト勤務なので、学童保育のお迎えも僕が行っています。

家計だけでなく、娘に寄り添うことも考えると、もう保育士には戻れないですね。民間は給与が安いし、今の年齢で公立では採用されないし。

なぜ最初に保育士になったのか

もともとは幼稚園に通っていた時の先生がすごく好きだったんです。小学校の高学年の頃、道でばったりその先生に会ったら僕を覚えていてくれて、それがすごく嬉しくて。それで、ああ、保育士になれたらなぁと思ったんです。

高校受験の時、保育の授業がある学校があることを知って、絶対に行きたいと思いました。その時、自分の偏差値より上だったけど、ものすごく受験勉強を頑張りましたよ。合格して3年生になると夏に保育園の体験授業がありました。そこで園長から声をかけられ、冬休みにアルバイトをすることになって、ますます保育士になりたいと思ったんです。

専門学校に行って資格を取って、自治体の公立保育園の正職員の採用試験は落ちてしまったのですが、1日7時間勤務の非正規として4年間、働きました。

その後は自販機の販売など保育以外の仕事をしていて、公立保育園で正職員の保育士として働く女性と結婚。その妻のお腹に赤ちゃんがいる時に、よし、やるぞ、と思い立って、私立の認可保育園を運営する株式会社の採用試験を受けたんです。面接ではその場で来てほしいと言われて就職を決めました。2015年の3月のことでした。

次から次へと保育士が辞めていった

でも、最初からなんか怪しかったんですよね。園舎を建てる工事が遅れて終わっていないし、保護者には「セコム」に入っているとPRしているものの、お金がかかるからといって契約せずに、「防犯カメラ作動中」のシールだけ買って貼っていました。

園長は施設長の経験のない人で、理念を語ることもない。4月に開園すると、大人も子どももわちゃわちゃした感じで、あまりに落ち着かない。

副園長はまったく仕事をしないで、命令ばかり。副園長が気に入らない保育士は一人ひとり呼び出されて、園長から「何か反抗したの？」と責められる。2週間で一人辞め、次から次へと保育士が辞めていき、3人が出勤しなくなりました。

園長の理不尽な叱責……2ヵ月で体重7キロ減&退職

保育中の衣服は指定されて、ベージュのチノパンにエプロンをつける決まりがあります。ズボンは当然、自腹です。エプロン1枚は無料支給でしたが、1枚では足りないので予備は自腹。しかも、辞める時には自分で買ったエプロンまで返却させられたんです。

入社した4月の給与は手取り24万円でした。入社前は残業代が出ると言っていたのに、いざ始まると、タイムカードは始業直前と終業時間の直後に押して、それから残業するように言われました。毎日平均2時間は残業していたので、月4万円分は残業代が出るはずでしたが出なかった。

社長はラメ入りのスーツを着て、「プラダ」の靴を履いていて、典型的な成金みたい。明らかに、おかしい。何人かで残業代を払ってほしいと園長に話すと、園長からの風当たりが強くなりました。

園長が「お昼寝の時間の直後に健康診断をするから布団の上で寝かせないで」と言うので、寝かせないために絵本を持たせてあげると、「保育がなっていない」とか、そういう理不尽な叱責をされるようになって、2ヵ月で7キロも体重が減りました。

それで、もう無理だと退職しました。辞めるとなったらアッサリです。会社は「はい、やめるならサヨナラ。いつまでに荷物をとりにきてね」と、そんな感じでした。なーんか、運動部みたいですよね。新入生の勧誘では優しいけど、いざ入部したら鬼のように厳しくて殴られる、みたいな。

この体験で嫌になり、他社の話を聞いても似たり寄ったりでブラック保育園ばかり増えている。だから、保育士は引退しました。戻ることはないです。

子どもが生まれるので、弁当配達でしのいでいるうち、友人から倉庫の仕事を紹介されて、今のような生活になりました。上司はとても良い人で、何かあっても部下の私を守ってくれる。そういう人間関係の良さもあって辞められません。保育士は完全に引退しました。

第２部　平均年収以下はもっとつらいよ

月収9万円シングルマザー、永遠のような絶望を経験した先の「夢」

――東海地方・池田真紀（41歳）・秘書・年収120万円

町工場の仕事で月12万円、毎日がつらかった

少し前まで町工場で6年働いていたのですが、つらい6年でした。

入社当時小学生の娘と保育園の息子がいて、子どもたちに負担をかけないようにと、午前9時から午後4時まで勤務していました。最低賃金だったので、収入は多くても月11万～12万円でした。

機械でプラスチック製品を作るのに部品を入れる単純作業。毎日がつらくて、つらくて。自分がまるでロボットになったような、じきにAIにとって代わられるような仕事でした。

コロナで子どもの小学校が一斉休校になった2020年の3月からしばらくは、シングルマザーの私が子どもを見るしかなかったので、仕事を早退したり欠勤したりして対処しました。

その時に、休業補償の「小学校休業等対応助成金」が創設されたことを知りました。この時点では、労働者からは申請できず会社が申請する仕組みだったので社長にお願いすると、他の子育て中の社員は実家に子どもを預けるなどして出勤していたので「特別扱いできない」と言って断られてしまいました。何度もお願いすると関係が悪くなって、最終的に辞めざるを得なくなりました。

縁があって美容系の会社の社長の秘書となり、事務作業や調査業務など、非正規ですが、職を得ることができました。

家の事情や市民活動を行っていることを理解してくれて、朝9時から午後2時半までの間のパート勤務で良いと言ってくれました。時給は900円になって、やっと最低賃金からは抜け出しました。

今も子どもが帰宅する頃には家で待っていてあげたいので勤務時間が短く、月収は9万円ほどですが、勤務時間は前より1時間半も短い。ストレスはないし、勉強になるし、自由度が高いので働きやすくて、とても充実しています。

スーパーでは「半額シール」が貼られたものを買う

モラハラ夫とは数年前から別居中で、離婚届を出していないだけの状態です。養育費をもらっていますが、月5万円程度。私の収入は10万円前後ですから、ずっと無駄な支出はしていません。

旅行にも行かないし、食事も贅沢はしない。子どもたちは高価なものを食べたいとあまり言わないので助かります。

毎朝、娘と自分用に弁当を作って。買い物にはできるだけ行かないようにしています。行けば、いらないものを買ってしまうので、家にあるもので何とかするように。

スーパーに行くときは、半額シールが貼ってあるものばかりをカゴに入れるので、娘から「恥ずかしい」と言われてしまいます。野菜は高いから、100円で売っていれば買いますが、もやしを選びがちになります。肉も牛肉は高いから、ほとんど買いません。豚肉と鶏肉ですね。娘はムネ肉のパサパサしたのが好きと言ってくれるので、安上がりで済むので良かったです。

服も買いません。子どもが小さい頃は新しい服を買って着せるのが楽しかったけれど、あっという間にサイズが変わってしまうことを学んだので、お下がりで十分。私の服だって気に入ったものが2着もあれば十分です。いつも同じような格好をしていると思いますね。

ずっとガラケー、パソコンでLINE

携帯電話もスマホは高いのもあり、ずっとガラケーでした。話すだけならガラケーが安価だし便利です。通信し放題のプランでも月2500円程度で済むし。

でも、子どもが野球少年団に入ると、「今、試合が終わった」など、親御さんたちとLINEで連絡しなければならないことが多くて。今は、パソコンでLINEをつないで返信しているのですが、やはり自宅を出るとLINEが見られず支障が出るので、スマホに変えるか気持ちが揺れているところです。

それにしても、人との付き合いは苦手です。練習を見ながら、なんであんなにしゃべっていられるのか。他の親御さんたちは野球少年団の活動にすべてを捧げているような感じで、土日も祝日もなく練習のため、送迎は必須。保護者たちが試合会場までの配車や、グランドの整備や準備をしているんです。私にはついていけないので、申し訳ないと思いつつも一線を引いてできる範囲で関わるようにしています。親の私もゆっくり休める休日が無くなってしまったことや、頑張っても試合に出られない子どもの姿を見ることに、一時期はノイローゼのように精神的に追いつめられてしまいました。コロナで練習がなくなると、正直ホッとしちゃいますよ。息子は友達と一緒に野球チームに入って、グローブを誕生日プレゼントにしたら喜んでくれて、とても楽しそうに野球に行くので、できることは協力したいと思っています。

教科書代が重くのしかかる

娘は塾に通わずに公立高校に進学して、部活は入っていないので費用はかからずにいます。けれど、高校も無償化になったはずでも意外とお金がかかります。入学した春は制服や体操服で5万円以上、教科書代だけでも1万5000円も用意しなくてはなりませんでした。息子の小学校も給食費が毎月5000～6000円。教材費も1500円はかかるので、毎月の学費だけでも大きな負担です。コロナ禍で母子家庭や住民税非課税世帯には何度も特別給付金が出ましたが、離婚が成立していない我が家は対象外です。市の就学援助も受けられません。コロナで18歳以下の子に出た、子育て世帯への臨時特別給付金の10万円はもらいましたが、税金の支払いや保険代、生活費に消えました。

この給付金、所得制限がついて、世帯年収が960万円以上は対象外ということで議論が賛否分かれましたが、私の収入から考えたら、はるか遠い世界の話です。それだけ収入があっても足りなくて生活が大変って……。本当に、私のいる世界とは別世界です。そんな話を聞くと、申し訳ないですが共感することができず複雑な気持ちになってしまいます。

みんなサービス残業をやっている職場

工場勤務の時はぴったり最低賃金と同じ時給でしたし、休業補償はしてくれない、年次有給休暇の権利も認めてくれない。こんな会社やってられるかー！　とも思って辞めて、失業保険の給付を受けて職探しをしました。

ハローワークに通うと、就職氷河期世代向けの就職支援がありました。氷河期世代を正社員として採用すると、企業に助成金が出る仕組みです。支援を受けて、6歳から18歳までの障害のある子を放課後に預かる放課後デイサービスに就職が決まりました。けれど、事件が起こったんです。

放課後デイサービスはシフト勤務なのですが、早番でサービス残業を要求されたのです。「皆、そうしているから」と。

私は、従業員を守ることが利用する子どもの安心につながるのだから、労働基準法に則《のっと》って法律を守って欲しいと言ったんです。社長にも、管理職にも。そうすると、「何を言ってるんだ！　皆やっている。できないならシフトに入れないよ」と、えらいことになって。

労働組合にも相談したのですが埒《らち》が明かず、結局、辞めることに。ハローワークで、しかも、就職氷河期世代支援で紹介された会社ですよ。

それで退職届を提出するのにも、電話で人格否定されて恫喝《どうかつ》されるので一人で行くのが怖くて、労組の人に付き添ってもらったんです。

社長は障害があり目が悪くて、どうやら労組の人がいたことに気づいていなかったようで、気づいた翌日、家に刑事が来て住居不法侵入罪で訴えられました……。

その会社は、放課後デイサービス事業はまだできて3～4年くらいの会社でした。放課後デイサービスは補助金が出て儲かるようです。社内のパワハラがあまりに酷かったので、周囲で会社や社長の名前を出すと、知る人ぞ知るという感じでした。強引で悪質な体質だって。今年に入って、この代表が暴行の現行犯で逮捕されたことを知りました。やはりそういう人と会社だったということですね。今もこの放課後デイサービスは変わらず営業しています。

この事件の後、失業保険を受けながら職探しをするうちに、今の会社と出会ったのです。

家と学校の間をつなぐ場を作りたい

私は、放課後の午後3時以降の時間帯とは重ならないで働きたい。放課後の子どもの居場所作りの夢に理解を示してくれた社長は、そうした働き方を認めてくれました。実家は遠く、私も子どもも、ここではよそ者です。おじいちゃん、おばあちゃんがいるわけでない。私たちにとっても、ふらっと寄ることができる場所が必要です。

特にコロナ禍で子どもたちは放課後に自由に遊べず、家でゲームするしかなかった。学校も感染予防でピリピリしていて、雰囲気がギスギスしているのか、息子も「行きたくないなー」と言って登校拒否することもよくありました。家と学校以外の場がないと。公的な「学童」は感染予防でひたすら座学をさせるばかりで、子どもが行きたがらなかった。楽しそうな人気のある民間学童は人が集まりすぎてパンク寸前だし、費用が月数万円もかかる。どこにも居場所がない。だから私はその誰かにとって居心地がいい、安心できる居場所を作りたいと思ったのです。

子ども食堂が話題になっていますが、これまでの活動で大勢「参加者」が来ても一人ひとりに目を向けられない現実を目の当たりにしてきました。私は目の前の一人を大切にできる場作りを目指していきたいと思います。

喫茶店のモーニングが贅沢

私は時給800円で働いてきて、子どもの生活に合わせた労働時間だから、頑張っても月10万円ほどの収入と養育費の5万円しかない。

どれだけ収入があればいいのか、私は月20万円あったら、お金の心配をしないで生活できると思う。

東海地方の喫茶店は「モーニング」だと400〜500円のドリンク代で朝食が無料でついてくるんです。たまにモーニングに行くのは自分へのご褒美です。気分転換にもなるし。

息子が野球の練習をしている間に、娘を誘って喫茶店に行くことがあります。思春期で難しい年ごろなので、弟抜きでちょっと話す時間を作るようにしています。それだって、ごくたまにですよ。

真面目に生活してお金を貯めて、2年前に中古で平屋の一戸建ての家を買いました。夫からモラハラを受けながらもコツコツ貯めた貯金と父が残した遺産を合わせ、総額700万円を一括購入しました。

前は、狭くて暗いアパートで暮らして、他の部屋には外国人が住んでいて毎晩夜中までカラオケをしているような環境で、毎日が本当にしんどかったです。生きていることがもうしんどかった。清水の舞台から飛び降りる思いで家を買って、良かった。

「70代でアルバイト」は他人事ではない

住む家はあるので、あとの不安は自分の健康ですね。なにせ、私一人での子育てですから。

6年ほど前に子ども会の会長と町内会の班長、小学校のPTA活動の委員長、保育園役員が同時に重なって無理がたたって身体を壊してしまいました。胸の辺りの表面がえぐれて激痛が走りました。乳癌の末期かと思ったのですが、ストレスによって発症した肉芽腫性乳腺炎という病気でした。

この時、せめて息子が中学を卒業するまでは生きなきゃと思って、無理はしないことに決めたんです。息子が義務教育を終えていれば、7歳年上の娘は働いているかもしれない。

老後も心配です。2022年の2月に、新潟県の老舗製菓会社の工場で火災が起こって、60代と70代のアルバイト従業員が亡くなったニュースがあったじゃないですか。あれを見て、ああ、年金では暮らせないから70代になってもアルバイトしているんだなと感じたんです。

必死に働いても非正規労働は報われない。何か権利を主張しても無視される。そういうことがあまりにも多く、理不尽だと思います。私自身、ずっと非正規で働かざるを得なかったので、壁にぶつかってばかりでした。政治に強い関心を抱かずにはいられません。

一斉休校は「最低の政策」

2020年2月29日の安倍晋三首相（当時）の記者会見は忘れません。突然、コロナの感染予防にと小学校などの一斉休校の要請をしたのです。

3ヵ月もの長期にわたり一斉休校となったことで、子どもを丸一日家に一人残し仕事に行った家庭もあれば、子どもを放っておけず仕事を休み、そのせいで仕事を失った人もいました。緊急事態となったときにこの国はまず、子どもと女性を切り捨てた。そう思っています。専業主婦がいて余裕のある家庭は、子どもと一緒に過ごす時間が増えて良かったなんてマスコミのインタビューに答えた人もいましたが、それを見て、私とはすごく差があると痛感しました。

母親が家にいて、勉強を教えて、不安な状況の子どもたちのケアを側ですることができて。でも、そんな余裕のない家庭だってある。ああ、こうやって子どもの頃から格差がついていくんだなぁ。平等なんてないんだなぁ。コロナで格差がより広がっていくのがよく分かりました。そして、やっぱり日本は子どもをみるのは母親だけの役割なんだな、って。

一斉休校は私にとって、戦後稀《まれ》に見る最低の政策だったと思うのです。国が余裕のない家庭の親も子も追い込んだのです。一斉休校のことは、ずっと忘れてはいけないと思っています。もし政策が間違っていたら反省して次の対策を打ってほしいと思います。政治家も官僚も。

永遠のような絶望を経て思うこと

最近、ロボットでもできる仕事が多いような気がして、なんとかならないものかと思います。工場で働いていた時は、機械の歯車と化すような仕事に心も身体もくたくたになって。朝またあのいつもの一日が始まるかと思うと絶望するんです。その繰返しが永遠に続く。

それでも工場を辞められなかったのは、たとえ欠勤扱いで減給されても子どもの急病などの事情で仕事を休みやすかったから。そんな職場は他になかったから、なかなか辞められなかったのです。

年次有給休暇の権利がパートにもあることを知り、それを恐る恐る社長に聞くと「そんなものやってたら会社が潰れてしまう！」と話にもなりませんでした。従業員の女性たちにも年次有給休暇の権利があるのだと話しても「そんなこととても言えない」「雇ってもらえるだけでありがたいのに」と、自分たちの待遇に疑問をもつ人はいませんでした。権利はまず知識として知っていなければ、そして主張しなければ手に入らないのだと痛感しました。

女性だから、非正規雇用だから、人として扱われずに使い捨てられる。そんな時代が早く終わってほしい。義務教育では、国民の三大義務として「勤労の義務」は教わりますが、自分を守るための労働者の「権利」は教えてもらえません。私は自分の失敗や教訓を生かし、我が子たちに政治の話も労働者の権利についても日常的に話すようにしています。

やりがいを感じることを仕事にするのが一番いいと今、実感しています。必要とされる今の職場で働ける環境がなければ、生きている実感もない。

息子を見ていても、今は野球チームで満足しているけど、これから夢に向かって挑戦をしたくなることも出てくるんじゃないかと。その時、したいことをさせてあげたいです。そういう世の中を作りたい。

核家族化が進み地域の関係も薄くなってきて、子どもも大人も孤立しやすく、そうした子が思い切り遊べて、立ち寄ってくれる人が安心してすごせる常設の居場所を作ることが私の夢です。プレーパークの活動と子ども食堂の活動を市民活動としてすでに始めていますが、運営する側も生活があるのでボランティアじゃなく、いつか、きちんと事業として収入を得ながら居場所の運営ができたらと思っています。無理はしないで、これから10年くらいかけて叶えたいです。

子どもに知的障害、借金地獄……マクドナルドにも行けない窮状

――北関東・田村理恵（38歳）・介護ヘルパー・年収48万円（世帯年収４００万円）

子どもを優先してクビに

子どもが保育園に通っている時に知的障害があることが分かって、子どもの生活を優先した働き方をしようとしたら、クビになってしまいました。

療育支援の必要な子をみながら、正社員では働けません。仕事を辞めてからは、保育園の利用料を滞納して、借金まですることになりました。

3人の子どもを育てながら正社員のヘルパーとして介護施設で働いていたのですが、夜勤や遅番をやって一人前。それは難しいと感じて中子の知的障害のことを職場に相談すると、原則として夜勤のないパートになったらどうかと勧められました。

パートになって週5日で働くことになりましたが、子どもが週に1回、療育支援に通うことが必要になり、週4日勤務に変更してもらおうとしたのです。

パートだから大丈夫だろうと思っていたら、事務長が「子どもをみてやれよ」と言い出して。勤務日数の変更を認めてくれず、あまりにもきつい口調で「辞めろ」と言われてしまって。予想外だったので、ええー？　と思いましたが、その場で「じゃあ、辞めます」って言っちゃったんですよ。中途半端に出勤されるとシフトを調整するのが面倒だったのかもしれません。どこも人手不足ですから。

収入ゼロからの借金地獄

その頃、私の月収は手取り18万～19万円で、看護師の夫の月収は22万～23万円。二人合わせた収入なら、問題なく暮らせたんです。

薄給とはいえ安定収入を失って、私の収入はゼロ。いやー、きつーい、きつい。十数年働いても、退職金は40万円しか出ないし。そこからは借金、借金で、借金地獄です。家のローンが月8万円あります。携帯電話の料金や光熱費が4万〜5万円。食費は3万円くらいかな。もろもろの生活費が月5万円足りなくなって、銀行に借金したんです。保育園の利用料も払えず、家と土地の固定資産税が年6万円かかり、それも滞納。市役所に行って、返済できませんと相談して、翌年に分割で払いました。

娘が中学の時は、給食費、教材費が毎月6000〜8000円もかかって痛かったですよぉ。あれ？　義務教育ってこんなにお金がかかるんだっけ？　誰も何も言わないの？　違うんじゃない？　って、すごく思いました。

仕事を辞めてから7年間の借金のピークは500万円にも膨らんでしまいました。パパ（夫）の名前で借金して、銀行だけでは足りずに「イオンクレジット」にも手をつけて。他の銀行に行くと、消費者金融の審査があると言われて、目が点になったり。最後は債務整理をしたので、パパが辛かったと思います。

子どもに障害があると職場に相談したあの時、事務長が週4日勤務を認めてくれれば、こんな借金を負わなくても良かったのにと、今でも腹立たしい思いでいます。

月4万4000円の借金返済をしているので、とにかくお金を使わないようにしないと。食材を買うのは1日1000円までと決めています。

今、訪問介護の仕事を入れているのですが、ガソリン代込みで時給1600円。1日2時間くらい働いています。私の月収は4万円を切るくらい。

ラーメンが贅沢、サイゼリヤは神

借金があるから、なかなかお金は使えないです。コロナであまり外食に行かないのが不幸中の幸いです。

たまに夫が休みのときには、二人で「ラーメン山岡家」に行くのがささやかな贅沢です。それもサービス券を使って。券が5枚たまると餃子が無料になって、10枚だとラーメンが無料になるのは嬉しいですねぇ。ラーメン1杯690円ですから。

ファミレスは……高い！　高くて子どもを連れて行けないですよ。どうしても外食となったら、子どもたちだけ「すき家」で食べさせます。

でも、「サイゼリヤ」は神ですね。あそこは神です。ほーんとうに神です。安いから安心して注文できます。最強ですね、パスタでもハンバーグでも、何でも食べていいよ！と言える。ドリンクバーもあるし、サイゼリヤの値段は変わってほしくないです。

ケーキも高いですね。買わない。ケーキを買うなら、「セイコーマート」でケーキの切れ端を安く売っているので、それを買います。

とにかく何も買わないように、買わないようにという生活です。お菓子も買わない。子どもたちには、近くにある実家で、じーじ、ばーばにお菓子を食べさせてもらいます。

パパにボーナスが入ったら、海までちょっとしたドライブをして、奮発しておかずを買うくらいです。今、残っている借金は100万円を切って、あと1年で返せるから、よけいな物は買わない。娘の高校受験も控えているし。

マクドナルドにも行けない

いつか自分で訪問介護や介護施設を立ち上げたいですね。ヘルパーが働きやすいように。子どもに障害があっても、働き続けられるように。親も自分も家族が健康でいればいい。払うものを払っちゃって。それで、貯金ができたらいいですねぇ。

子どもがいざ水族館に行きたいと言ったら、連れて行ってあげられる収入があるのが理想です。水族館、大人2人と子ども3人で行ったら、7000円近くかかるんですもん。高いですよぉ。今は、ごめんねぇ、パパの給料日前だから行けない、って言うしかなくて。

「マクドナルド」でハンバーガーが食べたいと言われても同じです。ダメ、ごめん、給料日前だから行けない、って。だって、マックも高いじゃないですか。セットを頼んだら800円くらいもするんですよ。平日のランチタイムで600円ほど。「ハッピーセット」じゃ量が足りないし、買えないですよ。家族で3000円も4000円もかかるから、「dポイント」を使って買うしかないです。そうした子どもの「行きたい」「食べたい」という願いを叶えてあげられる収入があったらなぁ。

賃金が上がらない介護職

介護職の賃上げといって、国が月9000円上げると言ったじゃないですか。でも、そのとおりなんて上がらないんです。バカじゃねーの！　って思うんです。

福祉を下に見ていますよ。誰も他人の下の世話なんてしたくない。介護職なんてやりたくない職業になってしまっている。だから、何か事情があって、しょうがなくヘルパーになる人がたくさんいるんです。離婚して生活できないとか、どこも雇ってくれないとか。根性の悪い人もすごく増えている。

だから、幸せな家の人を見ると羨ましくなって、妬んで、いじめる人、けっこういるんですよ。そういう根性悪がいたら、質の良い介護なんてできないんです。

介護職は本来は、利用者の皮膚の状態を観察して、健康の変化に見落としがないか、そういうことをチェックして看護師に伝える役割があるんです。そういう専門職なはずです。

お年寄りが増えて、介護施設からあふれて孤独死していく。なのに、介護職自身が生活できない賃金なんですよ。本当に、政治家には怒りしかないです。一度でもいいから、介護やってみろ。ちゃんと賃金アップして、良い人材が増えるようにして欲しい。

なぜこんな生活を強いられるのか

私は祖母の介護を経験して、専門学校に通って、理想をもって介護の世界に入りました。けれど、ふたを開けたら人手不足、上司のパワハラの多い職場だった。

妊娠中に遅番や夜勤のシフトに入らなくてはならず、最初の妊娠は流産しました。出産後もろくに育休をとれずに職場復帰して、３人の子育てとの両立は本当に大変でした。今も、子どもをケアするために仕事が思うようにはできない。

コロナで困窮している住民税非課税世帯に給付をするというけれど、だいたい年収200万円以下の世帯ということですよね。でも、年収が200万円以上あってもうちみたいに大変な家もあるんです。親がシングルでなくても大変なんです。

私たちの家庭みたいになるのは、何が悪い？　国？　制度？　なんで借金を背負うようになったのか、訳がわからないんです。

子どもの障害で勤務に融通がきかなくなったからって、なんで仕事を辞めさせられるのか。人手不足だから大事にされるのではなく、厳しくあたられる。この憤りをどこにぶつけていいのか分からないんです。

借金は来年には完済できるくらいまでに減りました。子ども手当や障害のある子の特別児童扶養手当を借金返済に充てて、少しずつ返しています。とにかく、その日が来るのが待ち遠しいです。

政治家なんてあてにできないから、理想の働き方、理想の介護ができる施設を作って、そこで知的障害のある子も働ける環境を整えていきたいです。

1個80円のたまねぎは買わない、子どもの習い事が悩みの種

――北海道・加藤香（29歳）・清掃員・年収180万円（世帯年収540万円）

毎月の出費は30万円、大丈夫かな……

19歳で結婚して20歳で出産しました。子どもが2人いて、小学校と保育園に通っています。私はコロナ感染が拡大しはじめた頃にアパレル店舗で販売員をしていましたが、コロナをきっかけに仕事を失って、本当に大変でした。

33歳の夫は大工で、月収30万円。この辺りでは良い収入です。それがコロナの影響でだんだん仕事が減っているので、かなり心配です。

半導体不足の影響で工事ができず、その影響で仕事がなくなりそうで。今月末までは現場に入るのですが、その後はどうなるのか、まったく分からない。先行きが分からないんです。これまで夫の月収に私の稼ぎが少しあれば生活できたのに、その大前提の夫の収入が減るのは緊急事態です。

生活費は月に家賃が7万円、車のローンが3万円。ここで10万円もかかる。食費が

4万円、電気代が2万円、水道代が1万5000円、子どもの習い事。私にアレルギーがあって医療費が2万円もかかるので、ここで22万円。雑費や突発的にかかる子どもの費用、携帯電話代……。ざっくりトータルで月28万円から30万円が必要なのに、夫の収入がなくなったら、ヤバい。どうしよう。

今、私の収入は清掃会社のパート勤務と、副業的にハンドメイドの小物を販売した売り上げしかありません。他にも何か探さないと。次は私が稼ぐぞ！　といかないのがつらいところです。

コロナショックで月収３万円に、夫婦喧嘩が絶えなくなった

私が高校を卒業して社会人になった時もリーマンショックの不景気の最中で就職が難しくて、飲食店で夜にアルバイトしていました。

結婚を機にアルバイトを辞め、出産して間もなく、派遣会社に登録して仕事探し、認可保育園に空きがあったのは自宅から12キロも離れたところでした。

夫は収入がある代わりに出張が多くて長時間労働で、子育てはあてになりません。私は子どもが熱を出しても対応できるようにフルタイムでは働かず、パートで無理の

ないように働くのが両立できる道だと考えました。

大手アパレルの店舗でパート社員として働いていた時にコロナが流行したのです。上の子の小学校は突然休校になって、私は家で子どもをみるのに休まなければならず、収入が月3万円しかなくなりました。

夫は自営業なので、収入から仕事用具を買わないといけないのに、私の携帯代を夫の収入から払うしかなくなり、夫婦喧嘩が絶えなくなりました。

助成金がもたらした「コロナ失業」

この時、コロナで小学校が休校になったときの休業補償の「小学校休業等対応助成金」があることを知って、職場に申請を頼んだのですが、それが原因で上司からうとまれるようになってしまいました。

会社は、子育てを理由に休む私が助成金をもらうと、子どもがいなくて出勤した社員と不公平になる――そういう理由をつけて助成金の申請を拒み、何度交渉してもダメでした。会社は、「社員から不満の声が出ている」というので、それって、誰が言っているのだろうと思うと、人間不信になってしまいました。

そのうち、職場のみんなが腫れ物に触るような感じになっていきました。私のストレスが強くなって、持病のアレルギーが悪化して苦しくなり、もう、職場にいられないと辞める決心をしました。

自分から辞めたとはいえ、コロナ失業ですよね。失業したままだと認可保育園にいる要件を失ってしまうので、わらをも摑む思いで清掃会社のパート社員になりました。

ハンドメイド作品販売で月7万円

慌てて見つけた清掃会社は子育てしながらでは働きにくく、手に職をつけたほうがいいのではないかと考えるようになりました。

今は自分でポーチやカバン、日用品などの小物を作ってネットのフリーマーケットで売るようになりました。ポーチは一つ1600円。月の売り上げはまだ7万円くらいで、もう少しいくといいなぁ。

ハンドメイド作品の販売はまだ副業という意味合いが強いかもしれませんが、税務署に無店舗販売を行う個人事業主として開業届を出したので、起業したことになります。これで保育園にも預け続けられる。

まだ販売だけでは収入が少ないので清掃のパートも続けています。人手が足りないときに「この日、入れる?」といった感じで頼まれた日に働き、月10万円くらいのときもあれば月5万~6万円のこともあります。

とにかく収入が減った分は節約しなければと、ガソリン代を浮かすために、使う車は1台にして私が夫を送り迎えしました。

子どもの塾を3教科から1教科に減らして、バスケットボールの練習も、行けばお金がかかるから全部は行かせず、可能な限り削れるところを削っていきました。

1個80円のたまねぎは絶対買わない

街中の「イオン」はみんな安いと思うかもしれませんが、私には高いと感じるので、もっと安い「激安スーパー」に行くようにしています。

通りがかった八百屋で安くて大きなキャベツを買う。常に値段を見比べて買い物します。たまねぎが1個80円だったら絶対に買いません。60円なら買えるかなぁ。サイズもバラバラだから、よく見て大きいのを選んで買わなきゃ。値上がりばかりで、もう減らせるところがなくなってきました。

節約するのに、食費を減らそう！　と頑張ったら、目に見えるように食費が減りました。夫の仕事が危ないなと思い始めて、先月からおかずの作り置き作戦に打って出ました。一回に大量におかずを作って冷凍するんです。買い物に行く回数を減らして、なるべくまとめ買いする。これで月に１万円は浮いているかな。

コンビニも行かず、外食もしません。前は月２〜３回行っていた外食も、今はまったく行かなくなりました。

娘が回転寿司が好きなんですが、エビとかトロサーモンとか１貫２２０円のお皿を頼んじゃうんです。家族４人でお会計が５０００〜６０００円になると、金額が間違ってないかと思っちゃいますよ。だから、回転寿司には連れて行きたくなくって。本当に外食に行ってないですね。今月は一度も行ってない。

北海道の冬は寒いのでストーブは必需品です。冬のストーブの灯油代の請求が１万３０００円もしたんです。これにはびっくりして、３部屋それぞれに置いてあるストーブはつけないようにして、ストーブをつけるのはリビングだけにして、家族みんなでリビングに集まって過ごしてしのぎました。

「習い事をやめようか」家計を気にする娘

小学3年生の娘が、英語の習い事をやめようかと言い始めました。そろそろ、やめ時かなぁ。

やって損はないけど、やらせてあげたいけど、夫の仕事の先行きも分からない。娘の希望を叶えてあげるには、私と夫の収入を増やして、他の出費を減らすしか……。

娘の反応を見ようと思って「やる気がないならやめるよー」と言ってみたんです。娘は「続けたいのは続けたいけど、パパのお仕事が少なくなるでしょ。パパとママ、仕事を考えないといけないのかなと思って」と話すんです。

本人は英語の習い事が楽しいし、やめたくないのが本音みたいでした。考えちゃいますね。親としては、続けさせてあげたい。今、削るべきところではないのかな。娘が、私たちを見て家計が大変ならやめると言っていたのなら、本当に申し訳ないですよね。

やる気があるなら、やめなくていいけど……。習い事は月1万2000円……。これは、パパのビール代を減らしてもらうしかないですね。

キリンビールしか飲まない夫と険悪に

お金のことで夫婦喧嘩が増えました。夫の唯一の楽しみはビールを飲むこと。ひとケースで4000円もするので、もう少し減らしてと言うと険悪になる。一ケース買っても1ヵ月経たないうちに飲んじゃうし。

仕事帰りに夫から「ビールないからコンビニで買ってきて」と連絡が来るんです。夫は「キリンビール」しか飲まなくて、コンビニで買うと高いからヤダなー、コンビニ行きたくないのになー、と思うんです。コンビニのオリジナルブランドだと安いから、それを買うと夫から「美味しくないから、それ、やめて」と言われてしまう。

心のなかでは「お酒が飲めるんだから、ありがたいだろー」と思うんですが、言うと喧嘩になるから「分かった」と言ってコンビニでキリンビールを買って帰るんです。高いのに。

夫は一日3本も4本もビールを飲んじゃう。500ミリの缶ビールを2本、350ミリの缶ビールを2本。放っておくと、ずっと飲んでる。ビールに月5000円も6000円もかけるの？　と思うのです。

それこそ、やってらんない、私だって飲みたい。けど、二人で飲んでたらお金がかかるから、だから私はお酒を控えているんです。

子どもに付き添い入院した1ヵ月の大打撃

私、ストレスがかかるとアレルギーが出てしまって皮膚科や内科を行き来しないといけないので、それだけで1回3000円、4000円もかかって出費が痛いです。

下の子は耳の病気をして手術をしたことがあって、通院しなければならないし。手術で入院した1ヵ月は大変でした。まだ小さいので不安だろうから、私が付き添い入院したのですが、私の寝るための簡易ベッドだってレンタルでお金がかかるし、洗濯するのもお金がかかる。

子どもは入院食で高くはなくても、私の食事代がかさむんです。病院のなかにあるコンビニの弁当は高い。私の食事代だけで一日2000円もかかってしまって。子どもの気晴らしにコンビニに連れていけば、玩具《おもちゃ》を見つけてしまって「これ買って!」となるじゃないですか。入院してかわいそうだから、ついつい、買ってあげる。けど、高いんですよね。

小児の医療費が無料といっても、周辺でかかる費用が高くて。付き添い入院した1

ヵ月は仕事も休んだので、大打撃でした。こうした突発的な出費は怖いです。

収入が増えたら旅行に行きたい

もし、もしも、収入が増えたら、旅行に行きたいですねぇ。1年前に2泊3日、家族で函館に行ったのを最後に、旅行には行けてないです。

次に旅行するなら、北見（市）に行きたいです。北見には有名な「山の水族館」（北の大地の水族館）があって、子どもが好きなんですよ。日本で最大の1メートルもある淡水魚がいるんですよ。北見はオホーツク海側にあるので、その水族館は寒い土地柄を利用して凍った川の下を泳ぐ魚を見ることができるんです。2年前に行って、また行きたいと思って。

もし安定して月35万円の収入があったら、いいですね。かかる生活費より5万円でもプラスになれば、旅行にも行けるし、子どもの習い事もお金を気にせずに続けられる。

毎月やりくりして出費が抑えられたときにできる貯金はせいぜい1万円です。小学校もお金がかかって、PTA会費と合わせて月5000～6000円も銀行口座から引き落とされますから。学費が削れないのは致し方ないですが、中学、高校を考えるとぞっとします。高校は公立に行ってもらわないと。

「中学受験したい」「えぇー」

それなのに、こないだ娘が「中学受験したい」と言い出して、えぇー、どこからそんな情報を仕入れてくるんだと目が点になっちゃいましたよ。どうやら友達にチラホラと中学受験する子がいるらしくて。意識高い系の子が今から塾に通っているみたいですが、うちは無理。

中学を私立だなんて考えたこともないです。私立の中高一貫校に入ったら、高校受験するよりラクだと周囲の子が言っているようですが、そんなことに流されないでー。もう、想像したこともないから、分からないです、中学受験なんて。

もちろん、どうしても、その私立中でなければダメという理由があるなら仕方ないかもしれません。けど、周りに流されている気がするんですよね、どうも。

娘も「今、受験したほうがラク」という言い方をしたので、「違う高校に行きたくなったらどうにもならなくなるよ。行く目的はぢゃんとしたほうがいいよ」と諭しているところです。

講談社学術文庫　11月10日発売

日本の近代仏教
思想と歴史
末木文美士
1298円 529726-1

明治維新以後、仏教はどう変わったのか？　伝統仏教から近代仏教への変貌を、清沢満之、鈴木大拙、倉田百三などの思想を通じて検証する。

数学史入門
志賀浩二／上野健爾 解説
1012円 529959-3

古代ギリシアから現代まで、2000年の数学の歩みを「問題」との格闘の軌跡として生き生きと描く、大家による究極の「数学の歴史」ガイド！

漢詩の名句・名吟
村上哲見
1100円 530070-1

奔放自在な「詩仙」李白、謹厳実直な「詩聖」杜甫、閑寂の自然詩人・王維などの名作を読み、その豊かな抒情の世界に遊ぶ、最良の入門書。

世界の音
楽器の歴史と文化
郡司すみ
森重行敏 解説
1155円 530071-8

石器時代、人はマンモスの骨でどんな音を奏でたのだろう？　2万年前から、ことばの代わりに使われてきた、「音」と楽器の変遷を探る！

【好評既刊】

個性という幻想
ハリー・スタック・サリヴァン
阿部大樹 編訳
1265円 529728-5

韓非子 全現代語訳
本田　済
2321円 528946-4

息子は保育園に通っていて、保育の無償化はありがたいところです。３歳以上はお金がかからなくなったのですから。無償化が始まって、連絡ノート代の２００～３００円しかかかりません。

札幌市は条件によって２人目の保育料が無料で、給食代もおやつ代も請求がこないから、本当にありがたい。しかも、子どもが通っている保育園の給食はとても美味しくて工夫されているし。本当は給食費が月４０００円かかるのに、それが無料なのは本当にありがたいです。

月20万円の正社員の求人がない

夫の仕事がどうなるかは、半導体の供給態勢次第です。このまま半導体不足が続けば、他の仕事を探さなければならないかもしれません。

私も収入を増やすのに、作品を月30個は売りたい。けど、波があって難しい。地域柄か、賃金は低いと思うんです。求人を見ても正社員で月20万円いくのは、なかなかなくて。もし月20万円でも、それは総支給だったり、残業代も込みだったりで、良い条件とは言えない。手取りは15万～16万円くらいにしかならない。

正社員の職探しをしたくても、子どもが小さいし。日々の保育園への送り迎え、ご飯を食べさせて、風呂に入れてという生活を考えると、長時間労働の正社員は無理ですよ。そんな大変な思いをしても、月20万円ももらえない。残業してお迎えに間に合わなかったら、どうするの？　そんなことを考えていると、正社員は無理ですよ。

夫の収入は月に30万円。地元ではもらっているほうです。私はこれまで多くて月12万円。夫だけの収入が多いとリスクがあると痛感しました、夫婦で半々で稼げるのが良いのではないかと。

今は家のことは私だけ。夫はいつも「オレの収入がなくなったらどうする」と言っていて、仕事ばかり。私は「そうですよねぇ」と言うしかなくて、ちょっと嫌なんです。

私も収入を増やして、夫ももっと家事や育児をして、そうしたほうが、リスクがなくなるんじゃあないかと。それぞれ月15万円稼いで、合わせて30万円。欲を言えば、プラス5万円。どっちかにしわ寄せがいくのでなくて、お互いにカバーする。本当は、それが理想かな。

政治家なんて、実際の野菜の値段なんて知らないでしょ。賃上げとか言っても、地域の事情なんて分かってないでしょ。ズレてるんですよね。

だから、少しでも政治が変わるように、私はツイッターでつぶやいています。それだけでも、少しは変わるきっかけになるんじゃないかと思うんです。

共働きでも収支トントン、賃金と仕事量が見合わない保育士
――東京都・川崎陽子（40歳）・保育士・年収300万円（世帯年収700万円）

世帯年収700万円でも収支トントン

うちの保育園は他と比べて給与も良いし、働きやすくて、満足して働けています。

私は、保育士資格のない補助者として5年前から働き始めて、1年前に保育士の資格が取れたばかり。それでも、給与が手取りで月20万円というのは、高いほうだと思います。

けれど、やっぱり保育士の給与水準は、全体として低いんですよね。全産業の平均より月10万円も低いって問題になったから、国が処遇改善措置を実施しているくらい

なんですから。

3歳年上で食品関係の会社に勤めている夫の月給は手取りで26万円。世帯年収は約700万円ですが、共働きでも家計は厳しいです。

いかに節約して生活するかをいつも考えています。もし給与が横ばいのままで物価が上昇し続けたら、いったい、どうなるかと思うと、とても不安になります。

夫が転勤族で出張も多いので、賃貸マンション住まいです。3DKの部屋の家賃が月14万円ほどかかります。オール電化なので、光熱費が高いんですよ。月2万円もするんです。水道代もなんだか高いですよね。2ヵ月で1万5000円です。収支はトントン。かなり頑張らないと、貯金できません。

大学生と高校生の子どもがいて、食べ盛り。食費が月7万~8万円はかかります。野菜の値段が上がったので、もやしを買う頻度が高くなりました。近所のスーパーのなかでも最安値の1袋27円で買うようにしています。27円に消費税がつくのが痛いですね。もやしナムルとか、もやしと薬物の野菜をベーコンで炒めたり、安い食材を使った料理のレパートリーが増えちゃいましたよ。

野菜は……高いので避けたいですね。どうしても欲しい野菜は、割引シールがあるものを買います。少し前まで、たまねぎが3個で98円だったのに、今は300円を超えるでしょう。たまねぎをたくさん使うハヤシライスやバターチキンカレーは作らなくなりました。あまりにも節約を頑張ると疲れるので、できるだけ買った食材を無駄にしないようにしています。

2人の子どもの学費がしんどい

子どもが小さい頃は小中学校の給食を無償化してほしいと思っていましたが、お金がかかり始める高校生から児童手当はなくなるんですよ。

大学の授業料の負担はとても大きいです。上の子が私立の大学に進学したので、入学金と前期の授業料だけで100万円も納入したんですよ。半期で70万円の授業料がかかるなんて。

あんまり学費が高いので、コツコツと貯めた貯金では足りずに、学費の一部は奨学金を借りました。本当は全額奨学金で賄えたらと思ったのですが、月4万円ちょっとしか借りられませんでした。

今、高校に通っている下の子が大学に進学すれば、ダブルで学費を捻出しなければならないんです。私立は高い。どこも初年度に130万円くらいかかるし。国立大は授業料が安くても、数は少ないし、偏差値が高すぎて、誰もが入学できるわけではないし。大学全て、無償化されればいいのにって、本当に心からそう思います。下の子も私立になったら、いよいよ副業しないといけないかもしれません……。

働きやすく給与も良いけれど……

うちの保育園は、朝晩のシフトに入ればシフト手当が月3万円つくんです。だから、フルタイム勤務で稼がないと、って思っています。休みもとれるし、働きやすくて、ほとんど残業はありません。残業すればもちろん、きちんと割増賃金が支払われます。ずっとブラック保育園でばかり働いていた同僚は、うちの保育園で働いて、待遇がよくてビックリしていました。有給で夏休みをもらえて、子どもの看護休暇も有給ですし。

同僚が前に働いていた保育園は月給15万円程度で、保育士2人で朝7時から夜7時まで勤務だったんですって。土曜勤務もあって、残業しても残業代が出ない。

次に有名な社会福祉法人の保育園で勤めたそうで、園児が130人いる大きな保育園に配属されましたが、まったく帰れないんです。園児が多い分、業務が多くて毎日夜の8時頃まで園にいたそうです。

私の職場は保育士の待遇をきちんと考えてくれていますが、どうしても、そもそも保育士の仕事は業務量が多いんです。

保育士は、ただ子どもを預かるだけではありません。専門的な知識をもって子どもの年齢ごとの発達を考えて、保育園での生活や遊びを通して学んでほしい、身につけてほしい、発達してほしいことを「保育計画」にまとめて、日々の保育にあたるのです。

保育士は、年間の保育計画、月ごとの保育計画の「月案」、週ごとの保育計画の「週案」を作るんです。園児一人ひとりの健康の状況、成長や保育の経過などを記録する「児童票」も作成します。保護者との間で交わす連絡帳には、日々の様子はもちろん、食事の量やトイレの回数も記入します。一日の全体の様子を知らせるクラス日誌も書くので、書類業務も多いんですよ。

他の園より給与は高く、働きやすいので会社に対する不満はないのです。保育士の仕事はやりがいがあるし、園児はとても可愛い。けれど、やっぱり保育士は仕事量も多くて、責任は重大です。それを考えると保育士全体の賃金水準は低いと思えてならないんですよね。

フルタイム勤務で朝晩のシフトに入らないと、とたんに家計は苦しくなってしまいます。私も、もう40代。体力的にきついですよ。仕事は好きですけど、どっと疲れが出た時にリフレッシュする経済的な余裕があればなぁ、と思います。

ヨガや家飲みがリフレッシュ

職業柄、どうしても体力を使うし疲れるので、リフレッシュしたいときは週末にヨガに通います。

コロナの感染が拡大する前は、ママ友に誘われて飲み会にも行きましたが、今は、出費がかさむし、やめておこう、そう思います。だって、飲みに行ったら、どうしても5000円くらい払うことになっちゃうじゃないですか。もったいないです。

だから、たまに家でお酒を飲むのが気晴らしですね。炭酸水は近所で一番安いスーパーで買ってきて、ハイボールを自分で作ります。ペットボトルより缶が安いので、だいたいは缶で買います。

賃金水準と仕事量・責任が見合わない

私たちがこういう生活を送っているのに、政治家ってなんなんでしょうね。「パパ活」がスクープされたり、不祥事ばかり。議員に選ばれたら不祥事を起こさず、しっかりやってほしい。私たち下々の者が暮らしやすくなるようにしてほしいですよ、本当に。

子育て関連予算って、年間に約3兆円くらいなんですよね。そのうち、保育園や幼稚園の運営費って、いくらなんですか。

子育ての予算はなかなか増えないのに、防衛費はいとも簡単に増やすじゃないですか。政府がこれから5年で防衛費を倍にするんでしょう。今でも5兆円を軽く超えているんですよ。それが倍になって10兆円になるって、どういうことなんですか。

こういうニュースを見ると、どの政党を支持するとか、イデオロギーがどうかという問題ではなく、予算を倍にするのは防衛費ではなくて、保育や教育の分野だろうって、普通に思いますよ。

自分の生活もギリギリ。子どもの将来もどうなるか。遠くに住む私の親の健康も心配です。私だって、血圧が高くて健康不安があるんです。本当に、これから何が起こるか分かりません。

岸田文雄首相が保育士や介護職などに対して月9000円の賃上げをすると言った時、正直、一桁違うのではないかと思ってしまいました。月9万円アップなら、辞める保育士も減るとは思いますが……。各党の公約を見ても、本当に実現してくれるとは思えません。けれど、選挙権を無駄にしないために毎回、投票に行っています。

私は子育てが一段落してから保育士資格を取得し、保育園で働いて5年が経つのですが、やりがいある職業でも、やっぱり、そもそも国が決めている賃金の水準と仕事の量・責任は見合わないと思えてならないです。

「クラリネットを買いたい」夢のまた夢

もし、収入が増えたら、クラリネットを買いたいですね。音楽が好きなんです。良いものは100万円するから、夢のまた夢です。

まずは子どもたちの学費を払わないと。自分のことは二の次です。なんといっても2人が私立大学に行ったら、年間120万〜130万円の学費を4年、それを2人分ですから。

大学、無償化されないんでしょうか。学費……本当にヤバいです。児童手当って、なんで中学を卒業する年齢で終わるんですかね。お金がかかってくるのは高校生からなのに。悲しくなりますね。

夫がまた転勤になるとつらいです。子どもたちの進路があるから、ついては行けないです。でも、夫が単身赴任すれば二重生活になって生活費が大変なことになる。転勤の辞令が出ないことを祈るばかりです。

何もかも疲れた……認知症の母との地獄の日常を生きる非常勤講師

——埼玉県・松田彰人（56歳）・大学の非常勤講師・年収200万円

「もう何もかも疲れました」

なんでマスコミは中高年の貧困に目を向けてくれないんですかね。もう何もかも疲れました……。気づいたらもう50代後半です。還暦まであと数年かと思うと、本当にこの状況から抜け出せるのか、絶望的になります。

研究者を目指して大学院でも学んだのに、ずっと大学の非常勤講師のまま。年収は200万円程度で、典型的な「高学歴ワーキングプア」です。だから、大学院時代に借りた奨学金の返済がまだ250万円も残っています。

結婚して子どもができてという当たり前の生活、ささやかな幸せを望んでいたけれど、そんなことを考えるのも空しいんです。誰か、「年収なんて関係ない」と言ってくれる女性はいないものでしょうか……。現状、誰も相手にはしてくれないでしょうけど。

埼玉県にある実家で暮らし、10年前に父は癌で亡くなり、母は5年前に脳出血を起こして認知症になってしまいました。自分が母の介護をしています。

振り返ると、父を亡くしてから、私の「失われた10年」が始まったのでしょう。でも、もっと遡れば、研究者を目指した時からワーキングプアの道を歩むことになったのだと思います――。

平均月収15万〜16万円、同額のパソコン購入が痛手

大学の先生といっても、教授もいれば、講師もいます。講師のなかでも、専任講師

であればフルタイムで雇用期間の定めがないのでいいですが、私は非常勤講師。私はちょうど「ポストドクター」問題の世代に当たります。１９９０年代に大学院の定員が大幅に増えたことで博士課程に進む人も増えたのに就職先が限られ、キャリアパスが描けないまま不安定な立場に置かれるという問題です。

非常勤講師だと、授業単位での仕事になるので、「毎週何曜日の何時限目のコマで」という単位で働きます。今は大学の多くが2学期制なので、4月からの春学期と、9月からの秋学期それぞれで何コマ授業を持てるかにかかっています。

大学の授業は1コマの報酬がせいぜい月3万2０００円くらい。1コマ2万円という条件の悪い仕事もあるので、3万円を超えたらマシなんです。それをいくつもかけもって、やっと月収いくらかになる。

今年の春学期の4月から7月までの平均月収は15万〜16万円。1年前の年収は２３５万円でした。今年は持っていた授業が2コマ減ってしまうので痛手が大きくて。2コマなくなることで月6万円、年収で50万円から70万円減ってしまいます。今年度、専門学校で2ヵ月間の集中講座の仕事があったことで入る32万円は、自分にとってはとても大きいんですよね。

新型コロナウイルスの感染拡大で授業がオンライン講義になると、負担が増しました。対面授業ならなくてもいいレジメの作成や動画の収録、学生からの質問にメールで答える。普段の2～3倍の仕事量になり、「サービス残業」が増えました。

パソコンだって自前です。非常勤講師にはオンライン授業に対する大学からの補塡はまったくないんです。パソコンの使いすぎで壊れてしまって自腹で新しいものを購入するしかなく、15万～16万円の出費は痛すぎました。

「入れ歯をなくす」「惣菜をぶちまける」認知症の母との生活

収入を増やそうと他の仕事をしたくても、できない事情があります。認知症の母を一人家に置いていけないのです。

母は5年前、自転車に乗って転んでしまって、その時にきっと頭を打っていたのでしょう。しばらくして容態が悪くなって、脳の出血があったことが分かり、手術を受けることになりました。

その後からです。行動がおかしくなっていった。まず入院中、僕の姉と看護師との区別がつかなかった。退院後はスーパーまで自転車に乗って行って、自転車に乗って行ったことを忘れて帰宅してしまう。何度も同じものを買って来たり。

それが認知症だと分かったのは約1年後です。ケアマネージャーに相談して要介護認定を受けましたが、母は動けないわけではないため認定は低くて「要支援」でした。

要支援か要介護か、それも段階によって介護サービスを受けられる月の限度額が違ってきます。要支援だと月に約5万円から約10万円、要介護だと段階によって約16万円から約36万円分の介護サービスを受けられるのですが、母は要支援。思うような介護サービスは使えず、自分は追い込まれていきました。

介護サービスが使えず、すべて自分で母をみる日常は大変です。

白内障で目の手術が必要でも母は「病院が嫌」と言って聞きません。なんとか説得して病院に連れて行こうとすると、保険証のありかが分からない。歯が痛いというから歯科医院に行くと、先生から「入れ歯が合っていなくて歯茎が弱っている」と言われる。けど、入れ歯を作り直してもすぐにどこかになくすんですよ。1回や2回じゃない。いつも何かを探して時間に追われ、出費がかさんで。ホント、勘弁して……。

午前中に言ったことは午後には忘れているから、薬も飲まない。自分の薬くらい、目の前にわざわざ出したんだからさっさと飲んでほしい。なんで何十回言ってもできないかなあ。そう思ってしまうんです。入れ歯をはめる、目薬をさす、母は言われないとできない。結局、なんでも全部こちらでやらないと。

賞味期限の切れた食品を食べようとするし、せっかく買ってきた惣菜を冷蔵庫から出そうとして床にぶちまけて、ゴミにしてしまう……。これが自分の日常です。

「やるな！」ときつく言うことは勝手にやる、「今、やってね」と優しく言うことはやらない。マジ勘弁……。認知症を治す万能薬はないものか。本気でそう思います。

そうかと思えば、頼みもしないのに勝手に鍋を温めて放置してしまう。せっかくの鍋料理が焦げ付いて朝ご飯がメチャクチャ……。こちらがまだ寝ているときに、勝手にあれこれやりだすから困るんです。

ヘルパー料金の自己負担は厳しかった

そんな風だから、自分が半日でも家を空けたらヤバいと思ったんです。大学の先輩の母親も認知症で、料理をしてボヤを起こしたと聞いて、慌ててガスコンロをＩＨに変えました。

これは自分が仕事で外出するときは不安だと思って、ホームヘルパーを頼もうとしたら、同居している家族がいると公的サービスとしてホームヘルパーを使えないと言われてしまって、全額自己負担だと。

それで自分でホームヘルパーを頼んだら、月に3万～5万円もかかってしまって。ただでさえ奨学金の返済も滞っているのに、そんな金額を出し続けられない。

母は、「私、どこも悪くないわよ」という感じで。お金がなくて、ヘルパーの依頼は1年でやめました。

その後、やっと要支援から要介護1に介護認定が変わって、ケアマネージャーのもとで介護プランが作られ、デイサービスが利用できるようになりました。

これで、生活が立て直せる、母の認知症も進行を遅らせることができると思った矢先、コロナが流行したのです。外出を控えるようになって、母は近所の人とカラオケに行くこともなくなり、日常生活に問題が起きるようになっていったのです。

マスクをしない、メガネをなくす

昨日も、ひと悶着《もんちゃく》。母を眼科に連れていくのに、マスクをしない。「なんでマスクつけるの？」と言って理解できないんです。外に出るたびに毎回、コロナのことを説明しなければいけない。

1年前に作ったばかりのメガネをどこに置いたか分からない。メガネがないと生活に支障があるので、また作らないといけなくて、また出費がかさむ。

眼科に行った帰りにファミレスに寄ると、母はなぜか食が進まない。おかしいなと思いながら帰宅すると、入れ歯をしていかなかった。ああ、だから食べられなかったのか。普段から節約していて、せっかくファミレスに行ったのに。毎回、毎回、どうして、そうなっちゃうの？　と思うとイライラして。本当に日々、介護はしんどい。

母は、できていた頃の感覚が残っているのか、家事をしようとするんです。でも、燃えないゴミの日に燃えるゴミを出してしまう。何曜日が燃えるゴミの日で、何曜日が燃えないゴミの日かと紙に書いて貼っておいても、分からない。母がゴミを出すたびに喧嘩になる。

当の本人は「自分は親だ」という意識が強いらしくて、僕のために食器洗いや料理をしようとする。任せてみようかなと思って、もうお皿を洗い終わったかなと思って様子を見ると、ちゃんとできてなんかない。台所がグチャグチャなんです。二重のストレスで、つい「なんで？　何やってんの？」と怒ってしまう。

介護殺人のニュースを見ると、他人事《ひとごと》でないと思うんです。自分もイライラして、母の胸ぐらを摑んで「どうして⁉」と声を荒らげてしまうんですから。85歳の年老いた母に向かって。

デイサービスがある日とない日

当初は週に1回だけだったデイサービス。それが週3回も行けるようになって、これで自分の生活が変わると思いましたが、変わるわけではなかったですね。

母は言われた通りに動けないから、デイサービスに送り出すのも一苦労。やれメガネがない、入れ歯がない。時間通りに動けない。やっとのことで9時に送り出すと、もう、それだけでどっと疲れが出る。

母がいない間に普段できない家事を済ませて、オンライン授業の準備をして。もっとやりたいことはあるけれど、あっという間に夕方5時になって母が帰ってくるんです。

デイサービスのない日は、母の認知症が進まないよう、身体の機能が衰えないようにと、一緒にスーパーに買い物に行くんです。花が綺麗だね、とか、言いながら。

スーパーで92円で鯖を買って帰って料理して、食べさせて。うどん3玉で58円の特売だと、お昼ご飯にしよう。食品売り場で、そんなことを考えながら。ところが、ちょっと目を離すと母がいない。迷子になるんです。もう、またか……って、疲れちゃいますよ。

食事の後でうっかりしていると、母がトイレでうまく用を足せなくて、下着や服を汚してしまっているんです。それを僕が洗う。母に「汚れた服や下着は洗濯機に入れてね」と言っても、入れたと思ったら、それを外に出してしまう。

深夜の静かななかで母の汚れ物を洗っている時は、本当に、自分はいったい何をしてるんだろうって、空しくもなりますよ。もう勘弁して、もう無理、限界だ、って。自分は介護するために生きているんじゃないって。本当はもっと仕事がしたいのに……。

介護のために研究者としての活動に制約がかかります。自分のテーマを追って現地に行ってインタビューしたりしたくても、家を空けられない。母がデイサービスに行っている時しか動けないんです。

介護保険料を払っているのに、介護サービスの使い勝手が悪いなんて。同居者がいたらヘルパーすら頼めないなんて、違うと思うんです。もう、何もかも疲れた……。

既に家庭のあるきょうだいは、母の面倒なんてひとつも見ません。その代わりに、きょうだいが花を送ってくるのが面倒で。花を送られても迷惑なんです。飾って終わりじゃない。放っておけば水は腐るし、花は枯れる。その後片づけもしなきゃならない。花なんて送らないで。花よりお金を送ってほしい。

年金保険料と住民税を払えない

今、自分の月収が11万円で、母が受け取る遺族年金と国民年金が16万円。世帯の月収は約27万円です。

月々の生活費は、水道、ガス、光熱費で2万〜3万円、家の固定資産税が2万円、健康保険料が2万円。食費は3万〜5万円かかります。母の医療費や通院の交通費もバカにならない。

ここ数年、引き落としの残高が足りず、年金保険料と住民税を払えていない。住民税を払ってしまうと家計は赤字になってしまいます。払わずにいたら、いよいよ特別催告状が来てしまった。

やはり、授業が2コマ減って月6万円の減収は大きくて。銀行のカードローンで1万、2万と借り入れて、生活は自転車操業です。２０２２年4月からは母の年金支給額が減らされ、家計を考えるだけでも鬱状態になります。

大学院に通うための学費400万円を奨学金で賄い、まだ250万円の返済が残っています。収入が低いと返済の猶予措置が5年間あるのですが、それも過ぎてしまった。年間に20万円は返済しなければならない。まるで取り立てのように督促が来ます。月3万2000円の返済金額を提示されていますが、そんな余裕なんてない。無理です。しんどい。

弁護士に相談して、少額でも少しずつ返済することにしていますが、もう、あと何年この生活をするのか。いざとなったら自己破産するしかないかもしれません。連帯保証人に親戚がなっているので、迷惑もかけられない。いったいどうしたら良いのか。

学会に参加するにも会費が高くて、正直、つらいですね。他の学校で、キャリアを積むのと関係ない仕事を増やそうか、スーパーで働こうか。いろいろ考えましたが、自分が外に出ている間、誰が母を見るのか。母が寝ている深夜や早朝に仕事をするしかないかとも思ったのですが、体力的にどうなのか。自信なんてないですよ。自分の負担が増えるだけで、きっと続かない。

自分は非常勤講師なわけですが、次のステップの専任講師は、以前は椅子取りゲームと言われ、それでも何年か待てば順番が回ってくるからと、頑張ろうと思えたんです。けれど、今はポストが少なく宝くじに当たるくらい難しい。

3年ほど前には学会で報告するチャンスもあったのですが、介護鬱になって、当日になって身体が動かなくなってしまったんです。

奨学金返済がとにかく大きくて。今さら転職しようにも、母はどうするのか。介護制度が変わらないとどうにもならない。日々の生活で精いっぱい、政策に響くような声をあげる余裕もないんです。

「介護、奨学金、低所得」の三重苦

女性や子どもの貧困は確かに深刻で問題になっているけど、同時に中高年の貧困も取り上げてほしい。介護、奨学金、低所得の三重苦。努力しても低所得から脱せない。この現状を知ってほしい。そして、社会で考えてほしいんです。

それでも、諦めないで婚活をしたことがあるんです。でも2年間の婚活で、心が折れました。非正規雇用で年収が低いから相手にされない。

お見合いしたこともあって、相手の女性とどこかに行こうとデートの話が具体的になったその日、母の調子が悪くなってしまって、そのまま女性との縁は切れてしまった。どうしても感情が抑えきれず、母に「僕の人生どうしてくれるんだ！」「あんたがボケなければ、こうならなかった」と怒鳴ってしまうこともあります。

母が自転車で転倒した時、どうしてもっと早く具合が悪いと言ってくれなかったのか。早く分かれば、早期治療ができたかもしれないのにと思うと、本当に悔しくて。まさか、母が認知症になるなんて。もっと早く言ってくれればと、頭のなかは堂々巡りです。そうしたら、日々の生活費や通院費もかからなかったのに、と。

コロナの影響は大きいですよ。母が通うデイサービスで感染者が出て、1週間利用できなくなりました。自分だって、いつ体調を崩すかも分からない。体調不良でも、誰かが仕事、家事、介護を代わってくれるわけではないし。

マジで自分が入院したい。デイサービスはコロナに敏感で、体温が37度を超えているだけで受け入れてくれません。普段と体調が変わらないなら、デイサービスは受け入れてもよくないですか？　こちらも日常生活と仕事がある。母がいたんじゃ、仕事にならない。熱があるわけでもないから、検査も受けられない。陰性証明ができれば、デイサービスに行けると思うのに。

疲れた……マジ勘弁……地獄の日常

3年前に思った「介護のために生きてるわけでないのに。あれこれ動けなくてつらい。ついイライラ」は今も同じ。毎日のように、やれ歯が痛い、何が挟まって痛い。面倒みきれないって思うんです。

目薬をなくして、またもや医療機関付き添い。疲れた……。
なんで毎日、いろんな問題起こすかなあ……。
なんで何回も入れ歯を直させておきながら、使おうとしないんだろう……。
財布におカネがないのにレジまで気が付かない……。
午前中、ケアマネと打ち合わせ、そのあとは歯科医に付き添い、疲れた……。

毎日がこうです。どっと疲れが出る、という繰り返し。介護、仕事、家事。自分も体調不良なときは、本当に日常生活の地獄は続くとしか思えないんです。
2022年7月に行われた参議院選挙で自民党が圧勝しましたね。それでは、これまでと何も変わらない。選挙結果も、自分の介護人生もお先真っ暗ですよ。

介護に追い詰められた孫が、「死んでくれたら楽だ」と言って殺人事件が起きたニュースがありましたけど、はっきりいって他人事ではない。

でも、思うんです。もし母がコロナにかかって亡くなりでもしたら、きょうだいから「お前が母を殺した」って言われるんだろうな。

投資も貯蓄もできるわけない！

父親の癌に気づかなかったのはこちらのせいときょうだいに責められ、闘病生活の後で父が死んだら遺産「争族」が始まった。それが僕の「失われた10年」の始まりだった。

相続の法的決着がついたら母親が認知症になって介護の毎日って、どんな地獄なんだよ……。年収200万円、奨学金の返済が250万円、認知症の老親を介護する高学歴難民の問題は、マスコミには興味がないものなのでしょうか。

どこかの首長のボーナスが1回289万円というニュースを見ると、ああ、僕の過去最高の年収より多いなぁ、と。せめて授業1コマが5万円だったら、どんなに助かるか。これって、贅沢なんでしょうか。

年収200万円、奨学金の返済が残り250万円あるのに、岸田文雄政権は……、投資も貯蓄も、できるわけないだろう！

月収が6万円減ったことで、本当に生活が苦しくなりました。月3万2000円の奨学金の返済もできないのに。貧困、格差、介護の問題が、どっと押し寄せる未来など、一般の人間に予測なんかできなかった。

婚活で断られたから結婚はもう無理。「私より低収入なら結婚しない」という女性が8割なんでしょう。男だって、性差別の被害者ですよ。家事と老親の介護、貧乏非常勤講師の人生はこのまま死ぬまで続く。

もうやだ、介護……。何もかも投げ出したい。

なるべく外出しない……年収200万円切りそう……

本当に経済的に余裕がないので、なるべく必要最低限以外には外出もしないし、贅沢もしない。しいて贅沢というならば、大学の授業をするために外出したときに駅前の「日高屋」でお昼ご飯を食べるくらい。600円台の期間限定のラーメンに餃子をつけて。でも、一皿6個の餃子じゃないですよ。半分の3個で140円のほうです。日高屋に、週に1回か2週間に1回行ければいいかなぁ。

つい先日、ちょっと余裕ができたので、母がデイサービスに行っている間の3時間くらい、市内にあるスーパー銭湯に行ってきました。コロナに感染するといけないから、移動は奮発してタクシーで。スーパー銭湯の入浴料800円とお昼代、タクシー代で3000円くらい使ってしまって。今、思えば、少しお金を使いすぎてしまいましたが。

もし叶うなら、母を連れて近場の温泉に一泊旅行に出かけたいですね。でも、お金もかかるし、僕は車を持っていないから母を連れての移動は大変そうだし、きっと難しいかな。コロナもあるし、リスクばかり。母の実家が東北にあって、連れていってあげたいけど、それも難しいでしょうね。

今年度、さらに1コマ授業が減ってしまって、このままだと50万円前後の減収になって、いよいよ年収が200万円を切りそうです。知人に仕事を紹介してもらって、やっと20万円は補えるでしょうか。せめて年収が300万円あったら、ゆとりのある生活を送ることができるのに。

副業したとしても、やはり、コロナの感染リスクは避けたいです。僕が倒れたら母を誰がみるのかと思うと、電車やバスの人混みのなかにいたくない。副業で出かける間、もしホームヘルパーを頼めば費用のほうがかかるだろうし。いろいろ考えると、やっぱり年収300万円が理想です。幸い、家があるので、なんとかなる。

孤立した介護でいろんなものを失った

もっと言えば、うちのような低所得の世帯の介護保険の自己負担分が軽減されると助かります。2022年10月からは、これまで1割だった高齢者の医療費の自己負担が2割になったじゃないですか。これ、ちょっと本当に低所得世帯には勘弁して、という感じですよ。物価も上がっているし、もう、今までさんざん自助努力で節約してきて、これ以上、もうどうにもできないです。

そして、僕のように孤立した介護は、やはりつらい。公的な補助で介護する側のメンタルケアが受けられると良いのですが。離れて暮らすきょうだいは自分の価値観で勝手なことばかり言うので、腹も立つし。毎日の介護は本当に大変です。母を見て、あぁ、またか、って。

これから収入が増えることはないと思うのです。年金保険料の未納もあるので、年金受給は諦めています。非常勤の大学の仕事は、続けられても70歳まで。それ以降は、何かアルバイトをするのか。働けるのかどうかも分からない。生活保護の申請をするしかないかもしれませんね。

老親の介護を始めて5年が過ぎて、自分はいろんなものを失ったなぁ。世の中じゃ、女性のワンオペ育児が大変だといって取り上げられるけど、介護も同じ。独身男性の介護、そしてコロナ禍での非正規雇用への打撃。誰かに声をあげてほしいんです。

もし専任講師のポストが増えれば、こんなに追い詰められずに済むのに。個人ではどうにもできない。メディアに提言してほしくて、取材に協力したんです。

第３部　この30年、日本社会に何が起きたのか？

私の原体験

あまりに若者が疲れている、何かおかしい——。

社会人になりたての2000年から2003年にかけて、当時、経済記者だった私が感じたことだった。その頃に社会に出た同世代の多くが、連日の〝サービス残業〟で終電帰り、土日も〝サービス出勤〟をしていた。たまに休める日は疲れ切って動けず、寝たきり状態。よく言われる「若い時は勉強だ」という域を超えているように思えた。

私が大学を卒業したのは2000年3月。この年が、大卒就職率が統計上初めて6割を下回る、超がつくほどの就職氷河期だったと知ったのは、仕事でこの問題を追い始めてからだった。

高校生の時に、法律や制度を作ることで福祉が必要な人の助けになりたいと考え、大学では法学部に進んだ。その道が、政治家なのか官僚なのか、あるいは学者なのか弁護士なのか。大学時代に明確な答えは見つからなかった。

最初は都内の大学に入り、3年次途中編入で神戸に移ったため、就職活動の主戦場は大阪となった。2年も浪人していた私には、司法試験を受けることや大学院に進む余裕はないと感じ、まずは就職しなければと決めた。

政治の道に近いと思ったマスコミ受験を中心に、金融や商社、サービスなど興味のあった企業100社以上にかたっぱしからエントリーシートを送り、少なくとも50社以上の試験や面接を受けた。しかし、たとえ最終面接まで行っても、ダメ。それが続くと、「人間失格」の烙印を押されている気がしてきた。

ある銀行のリクルーターからは「最終面接で女子はバッサリ落とされた」と告げられたこともあった。ある中小企業の社長からは「うちには向かない」と言われたことも。理由はどうあれ、とにかく「内定」の二文字はとてつもなく遠く、就職活動で歩き回った脚はパンパンだった。やっとのことで唯一の内定が出たのは、ティッシュ配布のアルバイトをしていた消費者金融会社だった。そして卒業後、東京で就職活動をやり直した。

ハローワークに通いながら職探しをし、とにかく無職という状態から抜け出したかった。面接を受けた「福祉と金融」業という零細企業は、年金を担保にする闇金融だった。医療系のリース会社で初の女性営業職を採るとのことで面接は通ったが、毎晩医師に接待するためお酒は強いかと聞かれた。

しばらくして新聞の求人広告で見つけた業界紙の「株式新聞」から正社員の内定を得たのと同時に、政策シンクタンクのアルバイト採用が決まった。株式新聞社（当時）は民事再生法を申請中で、倒産手続きを行っていたため悩んだが、正社員採用であることと、「面白そうだ」という直感が働き、株式新聞の記者となった。月給は手取りで16万〜17万円だったが、その直感通り、充実した記者生活が始まった。

この株式新聞時代に出会い、私の記者活動に大きな影響を与えたのが、伊藤忠商事の丹羽宇一郎社長（当時）だ。のちに就職氷河期世代の問題を追及しようと悩む私の背中を、丹羽さんが押してくれたのだった。

私たち就職氷河期世代は、どの業界で働いていても、正社員であったとしても、たいていが長時間労働で疲弊していた。非正社員であると、いつクビになるか分からない不安を抱えながら、正社員と同様の仕事をしていた。正社員も非正社員も、「嫌なら辞めろ」と言われ、いつ失職するか分からない圧迫感のなかで働いていた。

それでも経済界を見渡せば、楽天グループが２０００年に株式上場。ＮＴＴドコモの携帯電話の販売台数が拡大し、携帯電話で利用できるドコモのオンラインサービス「ｉモード」が普及し始めるなど、ＩＴバブルが起こった。

同世代が抱える不安はどこからくるのか。その疑問が強い違和感に変わったのは、経済記者として上場企業の決算説明会に出て、社長や財務担当役員たちが強調していた言葉を聞いたときだ。

「当社は非正社員を増やすことで正社員比率を下げ、人件費を抑えて利益を出していきます」

ちょっと、おかしくないか。私は眉をひそめながら決算説明を聞いていた。

「就職氷河期」に入って30年

私は株式新聞で働いて1年後に転職した。伊藤忠商事の記者懇親会に居合わせた毎日新聞社（現在は毎日新聞出版）が発刊する週刊「エコノミスト」の編集長から声をかけられ、契約社員として働いた。

ITバブルは2001年にあっけなく崩壊した。それでも企業利益がV字回復して、1991年のバブル崩壊から始まった「失われた10年」が終わりを告げるかに見えていた。

しかし私は、この利益の回復というのは、中高年のリストラや新卒採用の絞り込み、正社員を非正社員に置き換える人件費削減によるものに過ぎないのではないかと考えた。そして、これでは経済を支える労働者が弱体化する。きっとマクロ経済にも大きく影響するはずだと睨んだ。２００３年に若者のフリーター問題、つまり非正規雇用の問題について企画を提案したが、企画は通らなかった。

本書が発刊されるちょうど30年前、リクルートが１９９２年に就職雑誌「就職ジャーナル」11月号で「就職氷河期」という造語を掲載した。

だが、同じくリクルートのアルバイト情報誌「フロム・エー」に１９８７年に掲載されて有名になった「フリーター」の言葉の響きが、１９８０年代に流行語となった、自由を謳歌する「フリーアルバイター」のイメージを植え付けていたため、世間は「フリーター？　若者は甘いんだ」「選ばなければ仕事はある」と受け止めていた。そして、自己責任論が台頭し始めていた。

「中間層が崩壊すれば、日本は沈没する」丹羽宇一郎さんの言葉

私が若者のフリーター問題の企画を提起しても、社会の冷たい風潮もあって企画は通らず、ちょうど誘いを受けた企業に転職しようかと悶々としていた。そこで私は、

辞めるなら悪あがきをしてみてからでも遅くないだろうと、大手商社のトップである丹羽さんに人生相談したいと連絡をし、アポイントをとりつけたのだった。

伊藤忠商事の広い応接室で、私は丹羽さんに若者に広がる非正規雇用の問題について話し、企画が通らなければ転職しようか迷っていると相談した。丹羽さんは、私にこうアドバイスしてくれた。

「若者の非正規雇用化は中間層を崩壊させ、やがて消費や経済に影を落としていく。このまま中間層が崩壊すれば、日本は沈没する。

その企画、同じことを3度、上司に言ってごらんなさい。3度も言われれば根負けして、上司は必ず折れるから」

その言葉に光を見た私は、丹羽さんとの別れ際、深々と頭を下げてエレベーターに乗り込み、とにかく取材を進めてみよう、ダメなら辞めようと決めた。そして3人のデスクに3度ずつ企画を提案して粘ると、ついに企画が通った。

2004年5月、週刊「エコノミスト」誌の第2特集で「お父さんお母さんは知っているか　息子と娘の〝悲惨〟な雇用」を組むことが実現した。非正規雇用に関するデータを探し、マクロ経済への影響など存在しなかったデータはシンクタンクのエコノミストに試算してもらった。

この特集について、当時の慶応大学の金子勝教授や東京大学の児玉龍彦教授がそれぞれ大手新聞の論壇コーナーで取り上げてくれたことで、続編が決定。第1特集となって「娘、息子の悲惨な職場」がシリーズ化した。以降の取材でも、丹羽さんはご意見番として、大きな影響を与えてくれた。

2005年1月4日号の週刊「エコノミスト」では、ワイドインタビュー「問答有用」のコーナーで丹羽さん（伊藤忠商事会長・当時）に中間層の崩壊について語ってもらった。この時点で、若者の労働問題について本気で危機感を持つ経営者は、私の知る限りでは、丹羽さんの他にはいなかった。

17年前のインタビューで丹羽さんは、こう語った。

富（所得）の2極分化で中間層が崩壊する。中間層が強いことで成り立ってきた日本の技術力の良さを失わせ、日本経済に非常に大きな影響を与えることになる。中間層の没落により、モノ作りの力がなくなる。同じ労働者のなかで「私は正社員、あなたはフリーター」という序列ができ、貧富の差が拡大しては、社会的な亀裂が生まれてしまう。

戦後の日本は差別をなくし、平等な社会を築き、強い経済を作り上げたのに、今はその強さを失っている。雇用や所得の2極分化が教育の崩壊をもたらし、若い人が将来の希望を失う。そして少子化も加速する。10〜15年たつと崩壊し始めた社会構造が明確に姿を現す。その時になって気づいても「too late」だ。

企業はコスト競争力を高め、人件費や社会保障負担を削減するためにフリーターや派遣社員を増やしているが、長い目でみると日本の企業社会を歪《いびつ》なものにしてしまう。非正社員の増加は、消費を弱め、産業を弱めていく。

若者が明日どうやってご飯を食べるかという状況にあっては、天下国家は語れない。人のため、社会のため、国のために仕事をしようという人が減っていく。

本書の第1部、第2部で描いたように、それが今、現実のものとなっている。私たちが抱える漠然とした不安の正体は何なのか。私たちが思考停止してしまった原因はどこにあるのか。この30年に起こったことを、私たちは振り返らなければならない。

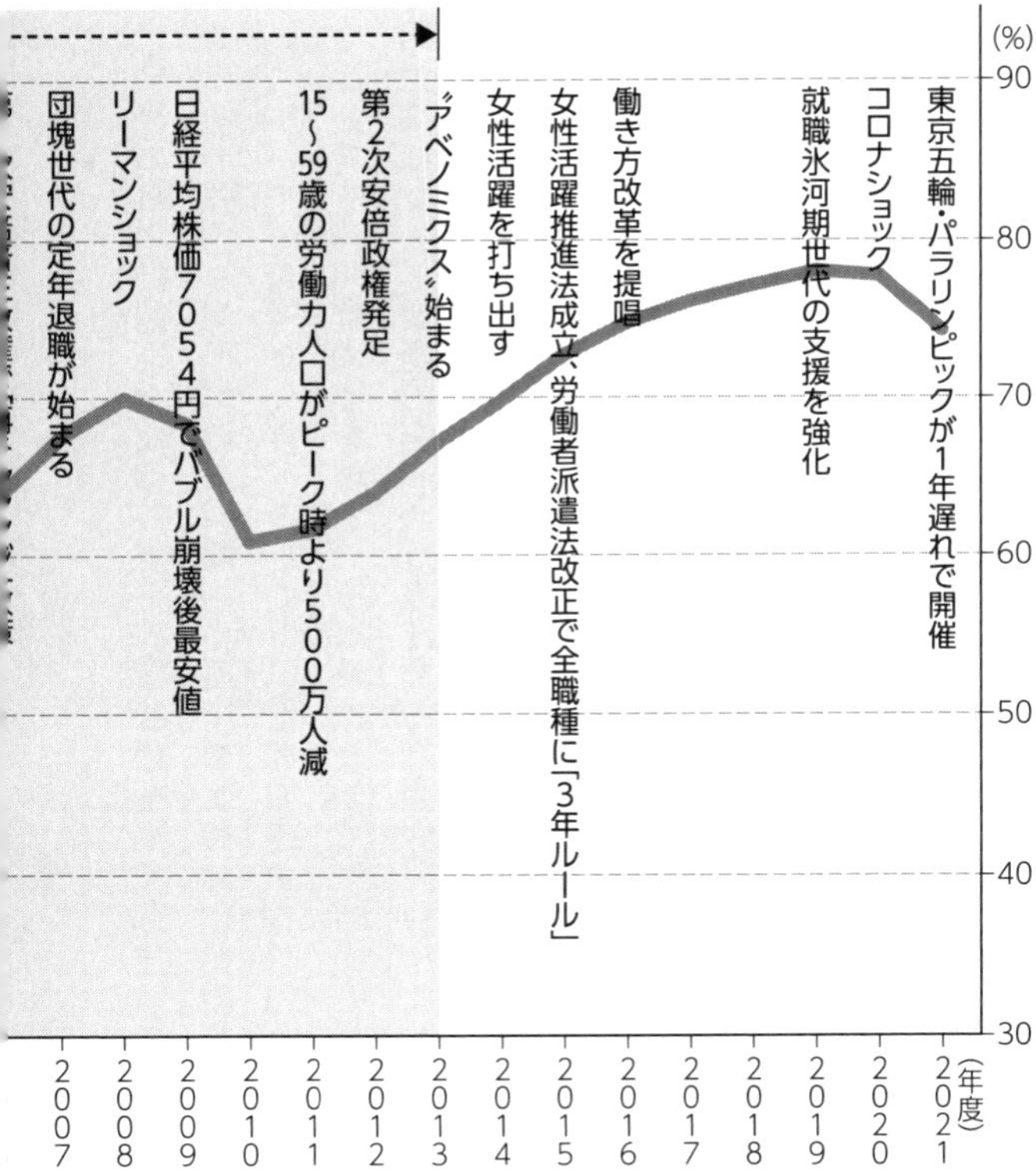
(%)
90
80
70
60
50
40
30
東京五輪・パラリンピックが1年遅れで開催
コロナショック
就職氷河期世代の支援を強化
働き方改革を提唱
女性活躍推進法成立、労働者派遣法改正で全職種に「3年ルール」
女性活躍を打ち出す
〝アベノミクス〟始まる
第2次安倍政権発足
15~59歳の労働力人口がピーク時より500万人減
日経平均株価7054円でバブル崩壊後最安値
リーマンショック
団塊世代の定年退職が始まる
2007
2008
2009
2010
2011
2012
2013
2014
2015
2016
2017
2018
2019
2020
2021
(年度)

大卒就職率と社会背景（再掲）

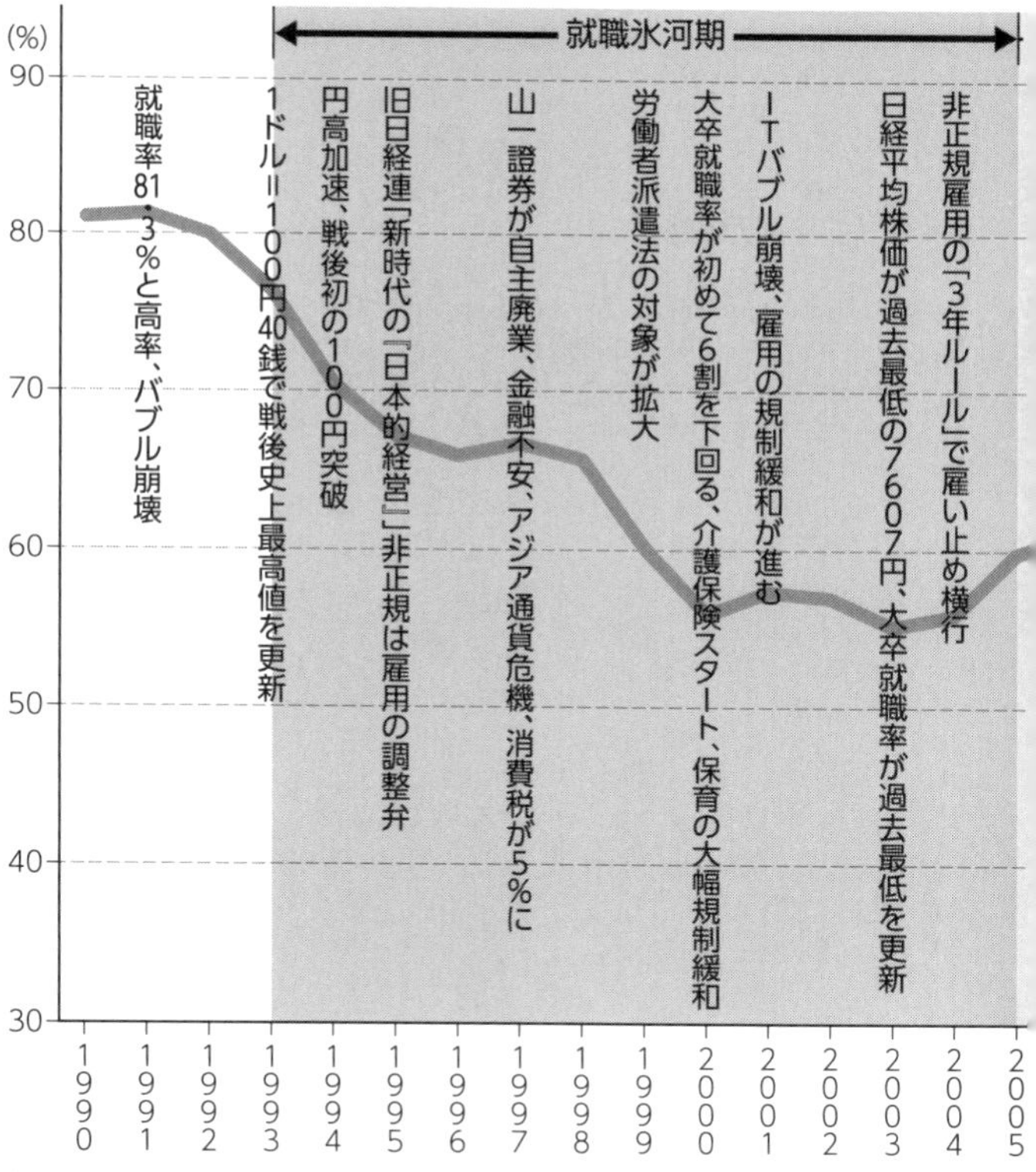

（注）各年3月卒業者のうち、就職者の占める割合
出典:文部科学省「学校基本調査」を基に筆者作成

私たちは今、どんな社会に生きているのか

第3部では、まず、今、私たちが置かれている状況はどうなっているのか現状を把握したい。そして規制緩和の歴史を振り返り、いったい私たちには何が必要なのか、解決策を探ってみたい。

内閣官房に就職氷河期世代支援推進室を設置した2019年、政府は、就職氷河期世代を「おおむね1993年卒から2004年卒で、2019年4月現在、大卒でおおむね37〜48歳、高卒で同33〜44歳」と定義し、同世代の中心層を35〜44歳の「非正規の職員・従業員」371万人として集中支援するとした。

支援の対象は、非正規になった理由が「正社員の仕事がないから」という50万人と、非労働力人口のうち家事も通学もしていない無業者40万人など合わせて100万人。今後3年間で30万人を正社員にすると目標を掲げていた。

ただ、政府が示した中心層35〜44歳で考えると問題を見誤る。45〜49歳だけで非正規社員は226万人もいて、氷河期世代全体の非正規社員は約600万人に上ったからだ。多くのキャリアカウンセラーが「正直、45歳以上の正社員化は難しい」と口を揃える状態だ。

国がいう2004年卒より後にも不景気の余波があり、就職に大きな影響を与えた。一時的に就職率が上がったが、求人があるのはブラック企業ばかり、という実態もあったからだ。当初から筆者は2012年頃までを就職氷河期と考えるべきだと見ていたが、そうした見方は国会でも取り上げられ、その後、支援対象者は50代に広がった。

安倍晋三政権の経済政策「アベノミクス」によって新卒採用が回復したと思われがちだが、実際はそれは正しくない。団塊世代がリタイアし、15～59歳の労働力人口がピーク時より500万人も減少した2011年以降、人手不足感が強まって就職率が回復していったに過ぎなかった。

年齢層別に2002年と2021年とで非正規雇用を比べてみると、非正規雇用の率が上昇していることが分かる。25～34歳は20・5％から22・5％へ、35～44歳は24・7％から27・1％へ、45～54歳は27・8％から31・0％へと増えている。働き盛りの4人に1人あるいは3人に1人が非正規なのだ。

当然、40代の賃金も減っている。「はじめに」でも触れたが、国税庁の「民間給与実態統計調査」から、金融不安が起こった1997年と2021年の40代男性の年収を比べてみたい。40～44歳では645万円から584万円となって年間61万円減、45

非正規雇用者比率の推移

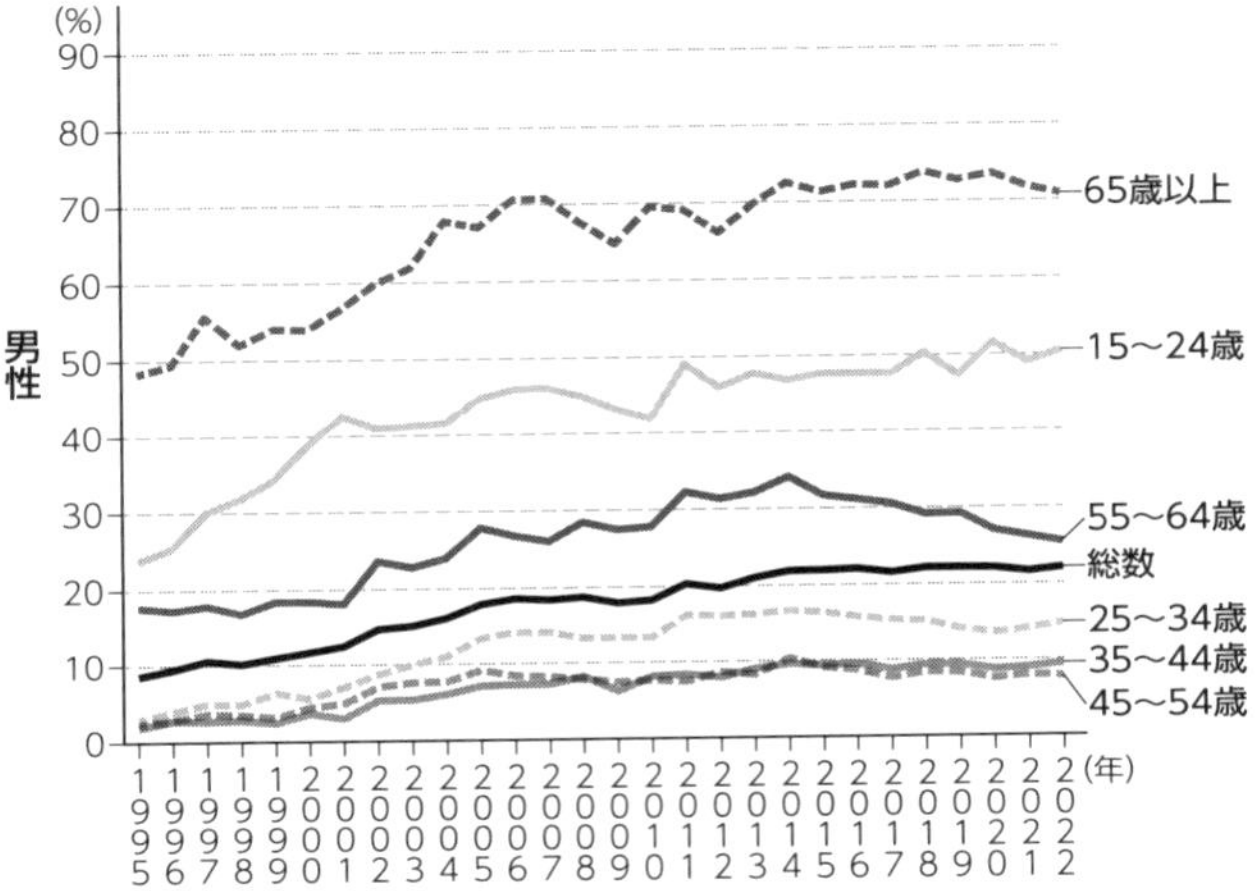

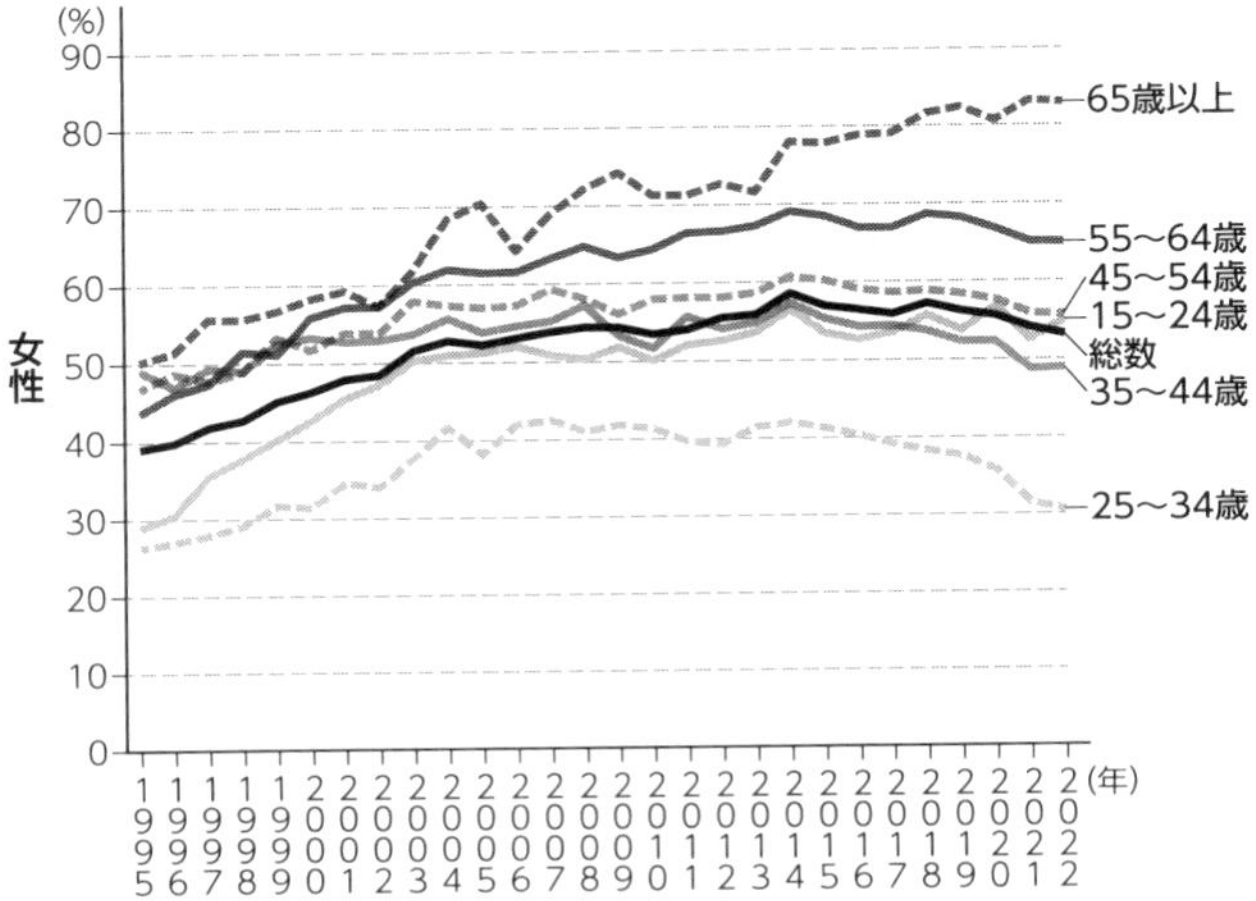

出典:総務省「労働力調査」

地域別の給与額（男女）

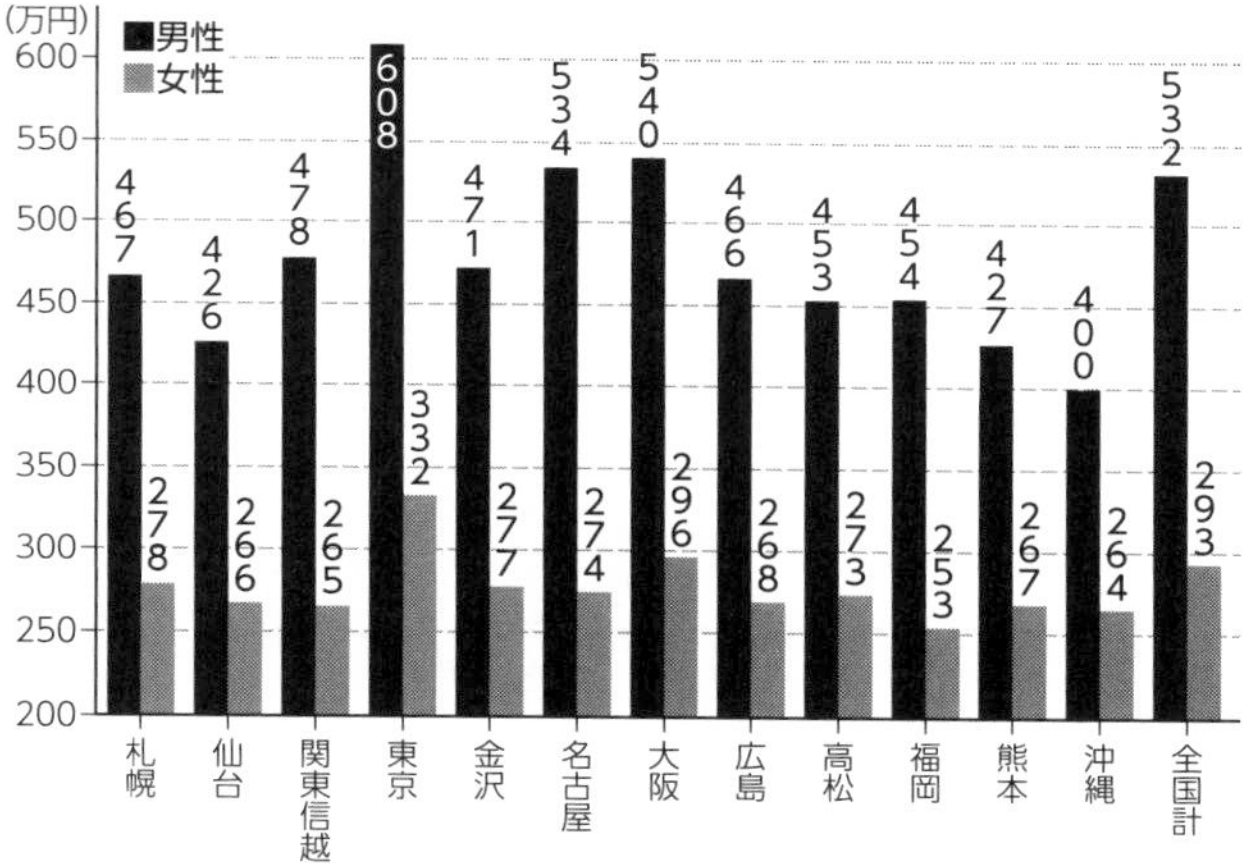

出典：国税庁「民間給与実態統計調査」（2020年）

〜49歳は６９５万円から６３０万円になって年間65万円減っている。同調査から給与の分布を見ると、年収４００万円以下が53・６％と半数以上を占めている。

　地域別の年収は、国税庁の国税局別の給与額から把握できる。２０２０年の年収を男女別で見ていくと、男性で最も高いのは東京の６０８万２０００円、次いで大阪の５４０万４０００円、名古屋の５３４万２０００円だった。最も低いのは仙台の４２６万円だった。

　女性の場合は、最も年収が高いのは東京の３３２万１０００円、次いで大阪の２９５万７０００円で、他は２５

0万～270万円程度に留まる。

「中流」という意識の低下

2022年9月に労働政策研究・研修機構が発表したNHKとの共同調査では、「中流の暮らし」を送るのに必要な年収についての回答で600万円以上とする割合が最も高く、過半数が「中流より下の暮らしをしている」と答えていたことが分かった。

20～69歳の男女を対象とした調査で有効回答数5370人のうち4割が「親より経済的に豊かになれない」と考え、「日本では、努力さえすれば誰でも豊かになれる」という考えに否定的な傾向だった。

イメージする「中流の暮らし」とは、「世帯主が正社員として働いている」「持ち家に住んでいる」「自家用車を持っている」の割合が高い。学歴が高いほど「結婚して、子どもを育てている」「子どもに高等教育を受けさせることができる」とイメージしている。

こうした「中流の暮らし」を実現するには、いくら必要なのか。配偶者がいる場合の夫婦を合計した年収は「600万円以上」と「800万円以上」、配偶者がいない

本人の年収階級別にみたイメージする「中流の暮らし」を送るのに必要な年収

イメージする「中流の暮らし」を送るのに必要な年収・有配偶

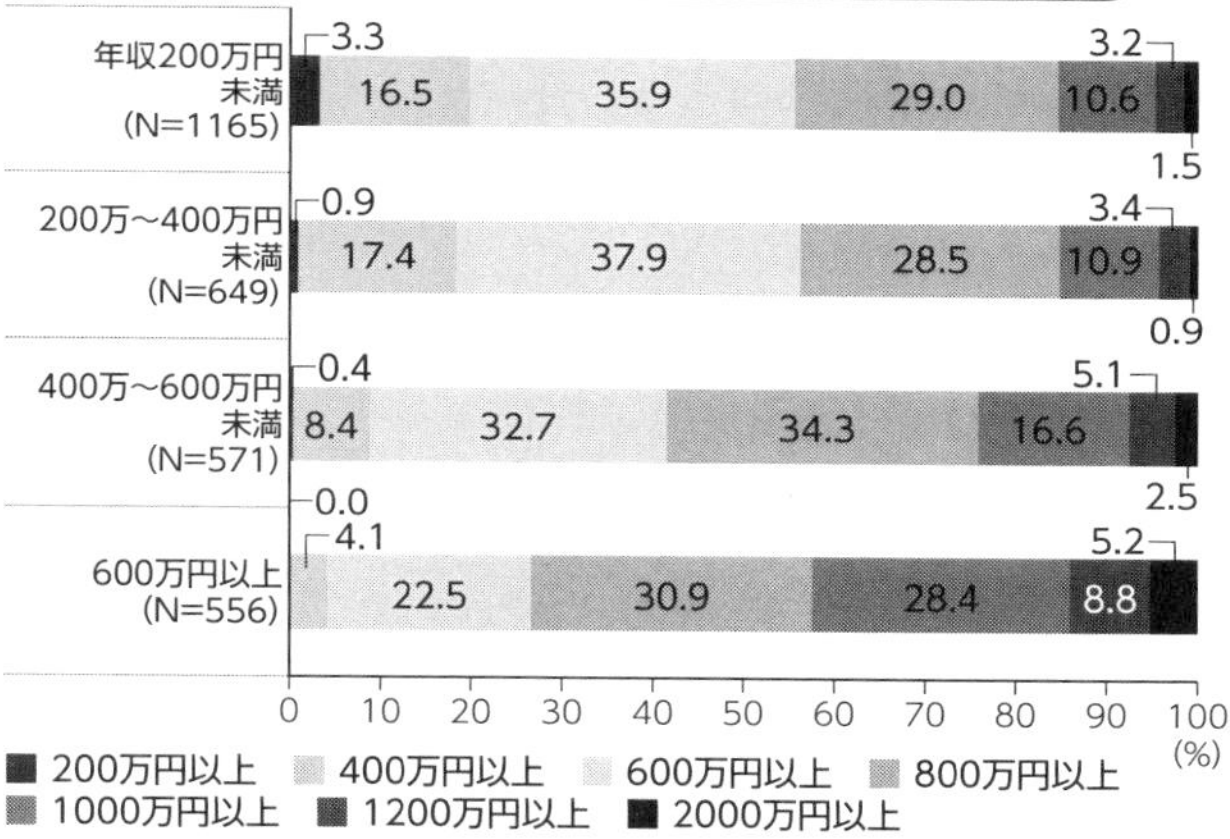

イメージする「中流の暮らし」を送るのに必要な年収・無配偶

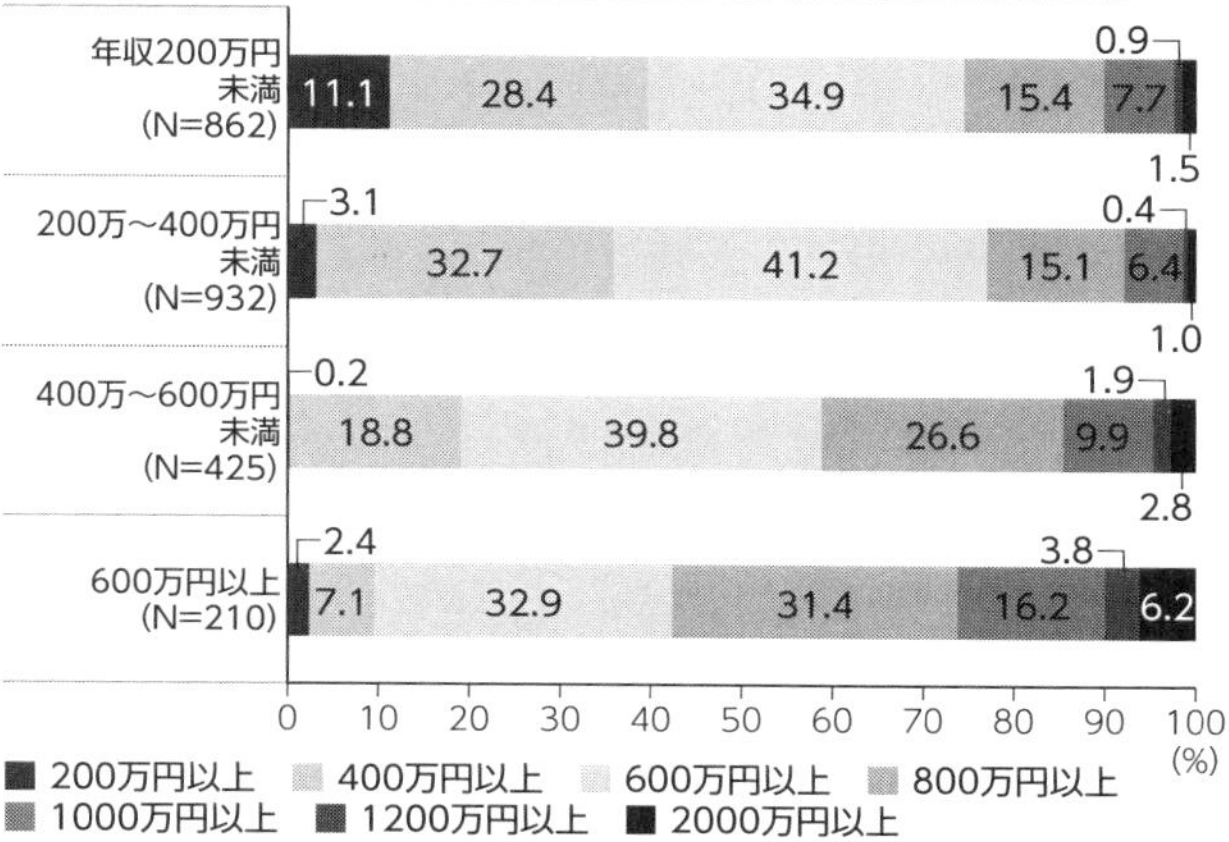

出典:労働政策研究・研修機構「暮らしと意識に関する NHK・JILPT 共同調査」

場合は「400万円以上」と「600万円以上」に回答が集中した。

20代では「持ち家に住んでいる」「自家用車を持っている」ことが中流の条件と思っている割合が、他の年齢層より明らかに低い。そして、「よい人生を送るための条件としてもっとも重要なこと」の問いに対して、「真面目に努力すること」と全体の46・1%が答えているものの、年齢層で違いが出た。60代の57・0%が最高で、年齢が低くなるのに比例して回答の率も低くなり、20代が最も低い38・9%だった。

若い層で、格差を当然のことだと受け入れてしまっていることが、調査結果に表れている。

こうして「格差」は生まれた

日本は約40年という時をかけて格差を作り、固定化させてきた。

そもそも働く女性に結婚が許されず、「寿退社」が常識だった時代が長くあった。それだけではない。男性か女性かで出世できるかできないかというコース別の採用方法まであり、女性が働く間口はもちろん、裾野も狭かった時代が長かったのだ。

1986年に男女雇用機会均等法が施行されたことで、性別によって採用の差別をしてはいけなくなり、結婚、妊娠や出産によって退職させることや降格処分をすることが禁じられた。

男女雇用機会均等法ができたことは女性たちの悲願でもあったが、それとほぼ同時に労働者派遣法が施行されたことで、「女性の雇用は広がったが、それは派遣や非正規にすぎなかった」と言われ、実際、そうなっていった。

総務省の「労働力調査」によれば、1986年2月の女性の非正規雇用の率は32・2％だったが、2022年1〜3月平均では53・3％まで増えており、女性の半数以上が非正社員になっている。新卒に当たる15〜24歳でも29・0％と3人に1人が非正規雇用で、25〜34歳で30・7％、35〜44歳で48・6％、45〜54歳で54・9％まで上昇する。出産や育児で正社員として就業継続しにくい現状を物語っている。

非正社員を生み出す法制度ができる背後には、常に、景気悪化がある。1991年にバブル経済が崩壊したあとの1995年、旧日経連（現在の日本経済団体連合会）が、「新時代の『日本的経営』」というレポートを出し、雇用のポートフォリオを組むことを提唱したことは、労働界にとって衝撃だった。

この「95年レポート」は、一部の正社員は育てるが、景気の変動によって固定費になる人件費を削減するために非正規雇用を調整弁にするというものだった。

それ以降、労働者派遣法は改正されて、１９９９年に派遣の対象業務が原則自由化され、ほとんどの業務で「派遣ＯＫ」となった。

２００４年には専門職以外の派遣で働くことができる上限期間が3年になり、同時に労働基準法も改正されて非正規雇用の雇用期間の上限も3年になった。

本来は、派遣や非正規で3年働けば正社員に転換させるという主旨だった。しかし、正社員に転換して人件費が増えることを嫌がる企業に悪用され、３年経てば雇用が打ち切られる「３年ルール」が定着していった。すると、職場に慣れ、ようやく技能を身につけた頃に辞めることになる。職を転々とせざるを得なくなって、継続して技能を身につけられない不安定就労者が増えていった。

こうした労働関連法の改正によって不安定な働き方が増加した一方で、経営側は「失業するよりマシ」と主張した。経済界に押される形で、規制緩和は進んでいった。

寿退社が当たり前だった頃に創業した派遣会社には、子育てが一段落したブランクのある女性の活躍の場を作る理念があった。当初の派遣契約は1年前後と長く、時給も今よりずっと高かった。派遣会社でトレーニングを受けた社員が派遣されるという、

労働関連法の歴史

1986年	男女雇用機会均等法施行、労働者派遣法(16業務)
1992年	育児休業法成立
1993年	パートタイム労働法施行
1996年	派遣の対象業務が26業務に拡大
1999年	派遣の対象業務が原則自由化 (禁止業務のみ指定するネガティブリスト化)
	派遣期間は専門業務3年、 専門業務以外の派遣期間上限は1年
2000年	直接雇用を前提とする紹介予定派遣を解禁
2004年	規制改革・民間開放推進3ヵ年計画スタート
	労働基準法改正で非正規の雇用期間の上限が3年になる
	専門業務以外の派遣期間を3年に延長
	専門業務の派遣期間が無制限に
	製造派遣の解禁(期間は1年間)
2006年	看護師の紹介予定派遣と産休・育休代替での派遣解禁
2007年	製造派遣の派遣期間が1年から3年に延長される
2012年	日雇い派遣の原則禁止
	グループ企業内派遣「もっぱら派遣」が規制される
	派遣会社のマージン率の公表
2015年	専門26業務の無期限派遣を撤廃。全職種で一人の 派遣社員が同じ部署で働ける期間が3年になる
	労働契約法改正で非正規で5年働けば無期雇用が可能になる
2018年	働き方改革関連法公布
2019年	労働基準法改正で時間外労働の上限規制が順次適用
2021年	社会福祉施設と僻地への看護師の日雇い派遣解禁

出典:筆者作成

本人にも派遣先企業にもメリットが享受される仕組みでもあった。

派遣は麻薬と同じ

派遣の難点は、契約期間を短くして契約を更新しないということで、短期間のうちに合法的に「クビ」にできることだ。社会保険料は派遣元が負担するため、派遣先企業にとっては、社会保険料の負担から逃れられ、退職金を用意しなくて済むメリットが大きくなった。

簡単に人を切ることができるうまみを覚えた企業が増えていき、派遣期間は現在、1ヵ月から3ヵ月程度を繰り返し更新するようになっている。そして、少なくないケースで、派遣が悲惨な働き方と化していった。

派遣労働者は、派遣会社に無期雇用されているケースも含めると、2020年度で193万人となっている。派遣先が派遣元に払う派遣料金は8時間換算で平均2万4203円、派遣社員の賃金は8時間換算で平均1万5590円となっている（厚生労働省「労働者派遣事業報告書の集計結果」）。

雇用安定措置として、派遣で同じ職場で3年働く見込みがあり、本人が就業継続を希望する場合、派遣元企業には以下の措置をする努力義務がある。まず、①派遣先への直接雇用の依頼をする。それが叶わない場合、②新たな派遣先の提供、③派遣元での無期雇用、④その他安定した雇用の継続を図る、ことである。

２０２０年度は対象派遣社員１０８万３０２４人のうち、「同じ職場での派遣で３年になることが見込まれ、その期間が終わっても継続して働くことを希望する人」が９万２２２３人。そのなかで直接雇用の申し込みがあったのは１万９５２１人で、実際に派遣先に雇用されたのは７７９６人しかいなかった。これが現実だ。

非正規雇用のなかで派遣社員が占める割合は約６・８％、労働者全体では約２・５％で、そう多いとはいえないものの、職場のなかに短期間のうちに労働者を「ポイ捨て」する、合わなければ「チェンジ」する、という感覚を浸透させた一因になったことには違いない。

派遣社員への取材で、当時20代だった女性はいくら仕事をしても、決して賃金が上がることはなかった。自分の働き方と会社との関係について、「尽くしても、尽くしても、報われない。まるでダメな男と付き合っているよう」と例えて、苦笑いした。

大労組の幹部は「派遣は麻薬と同じ。悪いと分かっていても、一度そのうま味を覚えてしまったら、やめられない」と話していた。

働く人は何を求めているのか？

前述の労働政策研究・研修機構の中流に関する調査では、「理想とする働き方を実現するためにもっとも必要だと思うもの」を質問している。経営者以外の正社員、非正規・フリーランス、自営業、無業すべてで「仕事と家庭の両立支援」の割合が30％前後で最も高い。

さらに興味深いのが、理想とする働き方の実現のため「自由な転職市場」を必要とする回答はいずれの雇用形態でも、「その他」の回答を除いて最も低く3～7％台にとどまった。多くのケースで、「仕事と家庭の両立支援」と「十分な社会保障制度」を必要としており、40代の回答はそれぞれ28・9％、18・1％だった。

また、理想とする働き方で、「同じ会社で長く働き続ける（終身雇用）」が各年代で最も高く、20代37・2％、30代41・3％、40代49・4％、50代55・9％となっており、雇用形態を問わず高かった。「転職を通じて、キャリアや所得を上げていく」と答えたのは、各世代で4分の1程度。20～30代で目立つのが「所得にこだわらず、負担の軽い仕事を選び続ける」。40代は12・8％だが、20代で17・0％、30代で16・2％と高い傾向にある。上の世代の苦労を見てきたことが影響しているのかもしれない。

「労働市場改革」というフレーズが私たちの閉塞感を救ってくれるように聞こえてしまいがちだが、それは幻想だ。この「改革」とは第一に経営側の都合であって、一部の〝勝ち組〟を煽っているだけ。圧倒的多数の生活者の実感からは、かけ離れているのだ。それが、私たちが漠然と抱える不安の正体の一つなのではないか。〝改革派〟から〝悪者〟にされがちな終身雇用には、未来永劫、会社を存続させると約束する意味もあるはずだ。

2000年前後から唱えられ始めた「自己責任論」には限界があり、その疲労感が調査結果に出ていると、私は見ている。私たちがそれに気づいていないだけで、本当に求めるものは違うのに、「労働市場改革」ばかりが強調され、一人歩きしている。

諦めムード、そして安楽死を望む人も……

本来なら、2007年に就職氷河期世代にチャンスがあった。約677万人という団塊世代の定年退職が始まり、企業は人手不足を補う必要があったからだ。まだ20〜

30代前半で若かった就職氷河期世代を企業に呼び込むチャンスがあったはずだが、回復したのは新卒の就職率に留まり、卒後数年が経った非正社員は置き去りにされた。だが、驚くことではないのかもしれない。個々の労働者を見ないで経済界を向いた自民党政治によって、雇用の質が着実に悪くなっていったのだから。

そして、政府は就職氷河期世代の支援というよりは、支援事業を担う民間企業を支援したと言える。小泉純一郎政権下、国は15〜34歳の「フリーター」対策の目玉政策として2004〜2006年に「ジョブカフェ」のモデル事業を行い、経済産業省が多額の予算をとりつけていた。

経済産業省からモデル事業の委託を受けたリクルートが「日給」（一人日《いちにんにち》という単位）として、プロジェクトマネージャーに12万円、コーディネーターに9万円、キャリアカウンセラーに7万5000円、事務スタッフに5万円という高額な人件費を計上していたことを筆者はスクープ報道し、国会でも問題視された。

そして第1次安倍晋三政権（2006年9月〜2007年9月）が就職氷河期世代のために「再チャレンジ」政策をとったが、政権が短命に終わるとともに支援は下火になった。2008年にはリーマンショックが襲い、就職氷河期世代だけでない多くの人が職を失った。

就職氷河期世代の非正社員の多くが、上限期間があるなかで働く。職場で経験を積み、やっと正社員になれるかもしれないというところで、契約を打ち切られる。そうしたことが繰り返され、いくら頑張っても報われずに絶望の淵に追いやられた。正社員になったとしてもブラック職場で追い詰められ、心身のバランスを崩して社会復帰できない。こうした状況が続き、絶望と諦めのムードが蔓延した。

九州地方の50代の男性は、最初は正社員としてスーパーで働いて店長になったが、不況で収入が減る一方。まだ非正規雇用でも時給が高かった時期に転職してからは、非正規の無限ループにはまり、抜け出せなくなった。実家で一緒に暮らす両親は身体が弱くなり、男性の助けがいる。思い切った転職もできず、「安楽死したい」というのが今の望みになっている。

「非正規」という言葉はなくなったのか

日本の憲政史上、最長の7年8ヵ月（2012年12月～2020年9月）も続いた第2次安倍政権は、雇用を壊し続けた。労働現場を軽視し、企業にとって都合の良い施策ばかりを断行した。規制緩和で雇用の質は劣化した。

安倍政権が真っ先に取り組んだのが「女性活躍」だった。２０１４年10月、安倍首相は「すべての女性が輝く社会づくり推進室」を設置した。また、「女性が輝く日本へ」といって２０１５年８月28日午前、女性活躍推進法を成立させた。

同じ日の午後、安倍首相は外務省が主催した「女性が輝く社会に向けた国際シンポジウム（略称：ＷＡＷ！２０１５）」で挨拶をし、法成立を報告していた。まるで、あらかじめ用意された舞台で発表するために法案成立のシナリオがあったかのようであった。

２０１５年は労働者派遣法が改正されて、これまで無期限で働くことができた専門職の派遣期間の上限が３年となった。同年は労働契約法も改正されて、非正規で５年経つと本人が希望すれば「無期雇用」に転換することが決まった。これらは、以前の「３年ルール」と同様、「５年ルール」となって、期限がくる直前にクビを切られることにつながった。

女性活躍の次に安倍政権が推し進めたのが、「一億総活躍」と「働き方改革」だ。２０１７年11月17日、第１９５回国会では安倍首相が所信表明演説を行い「一億総活躍社会」を掲げた。そして、「働き方改革」が一億総活躍社会の実現に向けた最大のチャレンジだとして、多様な働き方を可能にするとともに、中間層の厚みを増しつつ、格差の固定化を回避するとした。

安倍首相は「長時間労働を是正し、非正規という言葉を一掃する」と明言し、２０１８年６月29日に「働き方改革を推進するための関係法律の整備に関する法律」が成立、２０１９年４月からの施行となった。働き方改革関連法の主な内容は、①残業時間の上限を緩和、②高度プロフェッショナル制度の導入、③同一労働同一賃金の三つ。

まず、時間外労働の上限緩和とは、月45時間、年３６０時間を原則とし、臨時的な特別な事情がある場合でも年７２０時間、単月１００時間未満（休日労働含む）、複数月平均80時間（休日労働含む）を限度にする。しかし、過労死ラインの月80時間の残業を容認するようなものだ。

二つ目の「高度プロフェッショナル制度」とは、高度の専門的知識がある場合、一定の年収要件を満たし、年間１０４日以上の休日確保や健康管理が行われていれば、労働基準法で定められている労働時間、休憩、休日や深夜の割増賃金を適用しないという制度となる。

年収１０７５万円以上で、金融商品の開発、ディーリング、アナリスト、コンサルタント、研究開発が対象業務となる。厚生労働省が発表した「高度プロフェッショナル制度に関する報告の状況」によれば、2022年3月末時点で21社、665人の適用に留まっている。

非正規という言葉はなくなるどころか、増加の一途を辿った。総務省「労働力調査」から、第2次安倍政権発足前の2012年と2019年を比べると、正社員は3345万人から3515万人へ、非正社員は1816万人から2173万人へとともに増えている。しかし、率で見ると、正社員比率は64・8%から61・7%に減少、非正社員比率は35・2%から38・3%に増加しているのだ。

too late――日本社会はすでに崩壊している

第2次安倍政権では、就職氷河期世代の支援にも意欲を見せたが、過去の施策の焼き直しに留まった。前述したように国は、就職氷河期世代を、「おおむね1993～2004年卒。2019年4月時点で35～44歳の非正規371万人が中心層」と定義した。国がこの中心層に言及した時点で、本来は入るべき40代後半を切り離そうという意図がある。そう、長年この問題を追ってきた私には見えた。

45歳以上で非正規雇用が長い場合、就職支援業界では正社員の採用は絶望的だと見る傾向が強い。35〜49歳の非正規雇用は、２０１９年時点で５９７万人に上ることから、支援の対象者を少なく見せる意図があったはず。

そのうえで、コロナ前の２０１９年の段階で「今後3年で30万人を正社員にする」という目標が打ち出された。これは年齢的に有利な30代後半で達成可能な目標ともいえ、最も難しい40代後半を覆い隠しているようなものだった。

本気度を見せるためか、氷河期以外の就職支援事業の「関連予算」を２０２０年度で１３００億円、「行動計画２０１９」では3年間で６５０億円かけると強調されたが、各支援内容を点検すると、既存の施策を焼き直したに過ぎなかった。実質的な予算は、２０１９年度で66億円、２０２０年度で２００億円程度だった。

支援内容も、人手不足で外国人労働頼みの農林水産業や運輸、建設、ＩＴへのマッチングを図ることに留まり、これまで不人気だった業界への労働移動の域を越えない内容で期待できず、打ち上げ花火が上がったのかも分からない状態のまま、コロナショックが訪れた。

こうして振り返ると、自民党政治の下で製造業の派遣が解禁され、労働者派遣は今や全ての職種で期間の上限が3年になった。就職氷河期世代を置き去りにしたまま、業界団体のロビー活動も後押しして外国人労働の拡大が図られた。「女性活躍」は女性に仕事と家事と子育て、介護の両立を押し付けるだけ。「働き方改革」や正社員と非正社員の「同一労働同一賃金」も、実体は伴わない。

経済はあくまで個々の労働の集合体であることを忘れたのが、政治の失敗だったのではないだろうか。

２００５年の丹羽さんのインタビューから17年が経った。前述したように丹羽さんはその時点で、10～15年経って崩壊し始めた社会構造が明確に姿を現し、その時になって気づいても「too late」だ、と言っていたが、その時がもう過ぎている。２０２１年で、35～49歳のなかに約５４５万人もの非正社員がいて、40代の３人に１人が非正社員なのだ。もはや誰も解決の糸口を摑めないくらい、事態は深刻になっている。

そして今、年収４４３万円という平均的な収入があっても生活がギリギリだという、新たなフェーズに入っている。先の見えない不安に押しつぶされ、かつて「勝ち組」と言われた層が「負け組」に取り込まれつつあるのだ。

不況期に人気が出る職業として、手に職をつける看護師や介護職、保育士が代表的だが、それらの職種も決して恵まれているわけではない。いや、むしろ、政治によってつらい環境に追い込まれている。

2001年に発足した小泉政権で診療報酬がマイナス改定となって、看護師が置かれる労働環境は厳しいものになった。2000年は介護保険がスタートし、民間事業者が参入して活況を呈し異業種参入が進んだが、利益を出すために介護職の労働条件は悪くなる一方で、常に人手不足の状態だ。保育も2000年に認可保育園への営利企業の参入が認められ、安倍政権下で異業種参入が加速した。しかし、介護と同様に人件費分の多くが事業拡大や経営者だけの利益に使われる問題が多発し、保育の質も低下。保育崩壊の一途を辿っている。スキルを活かす専門職として働いても、悲惨な職場が増えていった。

結婚や出産への大きな影響

雇用や収入が不安定なことで将来見通しがもてず、就職氷河期世代のなかに結婚や出産に躊躇するケースが増えた。

総務省「国勢調査」(2020年)の「人口等基本集計結果」によれば、総人口に占める15歳未満人口の割合は、１９８０年以降減少し続け、１９９０年に20％を下回り、２０００年には15％を下回った。そして２０２０年は11・９％まで低下し、諸外国と比べると韓国の12・５％やイタリアの13・０％より低く、世界で最も低い水準になっている。一方、65歳以上の人口は２０２０年に28・６％を占めるようになり、世界で最も高い水準だ。

厚生労働省の調査から平均初婚年齢を見ると、氷河期世代が生まれた頃の１９７５年は男性が27・０歳だったが、２０２１年は30・４歳になっている。同様に女性の場合は、24・７歳から28・６歳に上昇しており、晩婚化している。

日本の場合は未婚で出産するケースはまだまだ少なく、事実上、結婚と出産は切り離せない。晩婚となれば出産する年齢が必然的に上がっていく。

母が第１子を産んだ時の平均年齢は、１９７５年は25・７歳だったが、２０１９年は30・７歳になっている。父母が結婚生活に入ってから第１子が生まれるまでの期間は、１９７５年の１・５５年から２０１９年は２・４５年に長くなっている。このなかには、出産について慎重になっている夫婦もいるのではないだろうか。

結婚しない人が増えて40代の未婚率は高い傾向にある。前述の総務省「国勢調査」

で2020年の男性の未婚率を見ると、40〜44歳で32・2％、45〜49歳で29・9％で3人に1人が未婚。女性は、40〜44歳で21・3％、45〜49歳で19・2％で5人に1人が未婚となる。価値観の変化もあるだろうが、見通しが不安なことも大きいはずだ。

日本産婦人科学会は、35歳以上で初めて出産する場合を「高年初産」と呼び、流産や死産のリスクが高まると定義しているが、働き方はもちろん、価値観やライフスタイルの多様化もあり、いわゆる「出産適齢期」に結婚している率はそう高くはない。

女性の30代の未婚率を1975年と2020年で見てみると、30〜34歳は7・7％から35・2％へ、35〜39歳は5・3％から23・6％へと上がっている。

こうした状況のなかで、新型コロナウイルスの感染拡大で、あえて妊娠や出産を控えるケースも目立ったことから、出生数は急減した。

厚生労働省が2022年9月に発表した「人口動態統計」では、2021年の出生数は81万1622人で前年より2万9213人減少し、明治32年（1899年）の人口動態調査開始以来、最少となった。婚姻件数も減少し、2021年は50万1138組で前年より2万4369組減り、戦後最少となった。

結婚に踏み切り、子どもを授かったとしても、それで幸せになれるとは限らない。

女性就業者数は増えても、雇用の受け皿は飲食業やサービス業で、非正規雇用が多く、妊娠や出産でクビを切られることがもともと多く、さらにコロナが影響して、あっさりと失職してしまう。

待機児童問題が国のテーマとなって急ピッチで保育園が作られたが、保育園を増やすために、保育園に入る収入の4分の1もの金額を保育園以外でも使えるような規制緩和が行われた。職員配置基準も以前は常勤の保育士で満たしていたものが短時間パートの組み合わせでもよくなるなどの規制緩和が行われ、質は劣化している。最も基準が厳しいはずの認可保育園でも、子どもが骨折する、指を切るなどの事故は年々増えているため、安心して預けて働くことができているとは言えない状況だ。

子育て中の就職氷河期世代は今、雇用と保育の二重の規制緩和に苦しんでいる。

世界から完全に取り残された日本

日本の賃金は約30年ずっと変わらないまま。経済協力開発機構（ＯＥＣＤ）の２０２０年の調査で、物価水準が考慮された「購買力平価」を見ると、１ドル＝１１０円で計算した場合の日本の平均賃金は約４２４万円で、35ヵ国中で22位だった。１位の米

主要国の平均賃金（年収）の推移

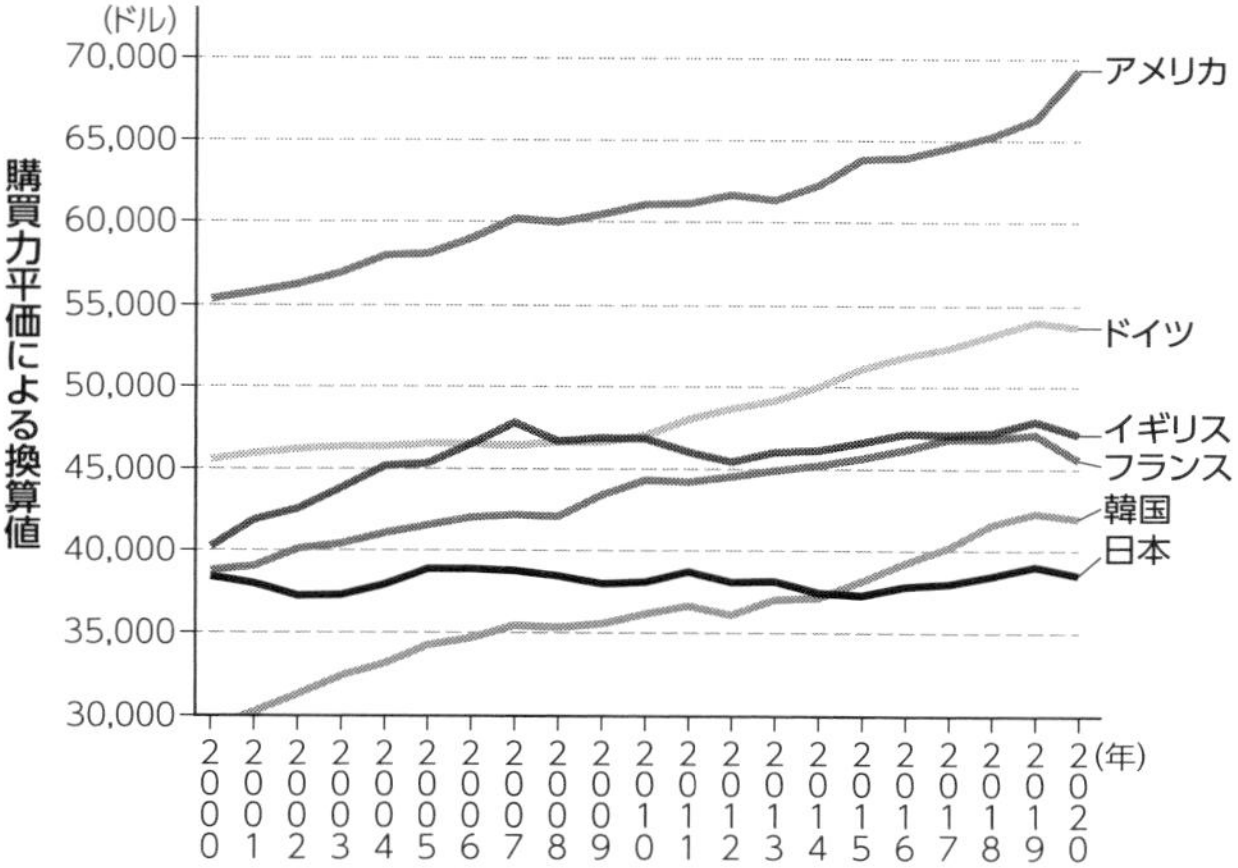

出典:OECD

国は763万円で大きく差がついた。韓国は2015年に日本を抜いている。

連合総研の「第43回勤労者短観」（2022年6月発行）から、家計の不安が見てとれる。「過去1年間の世帯収支の状況」について、「かなり黒字」は7・6％、「やや黒字」が26・3％、「収支トントン」は30・5％となっている。一方で、「やや赤字」が14・6％、「かなり赤字」が9・2％で、2割強が赤字に陥っている。

また、「世帯で何らかの費目で支出を切り詰めている割合」は、約7割を占めた。支出を切り詰める割合が高いのは、正社員より非正社員であり、ま

世帯で何らかの費目で支出を切り詰めている割合(属性別)

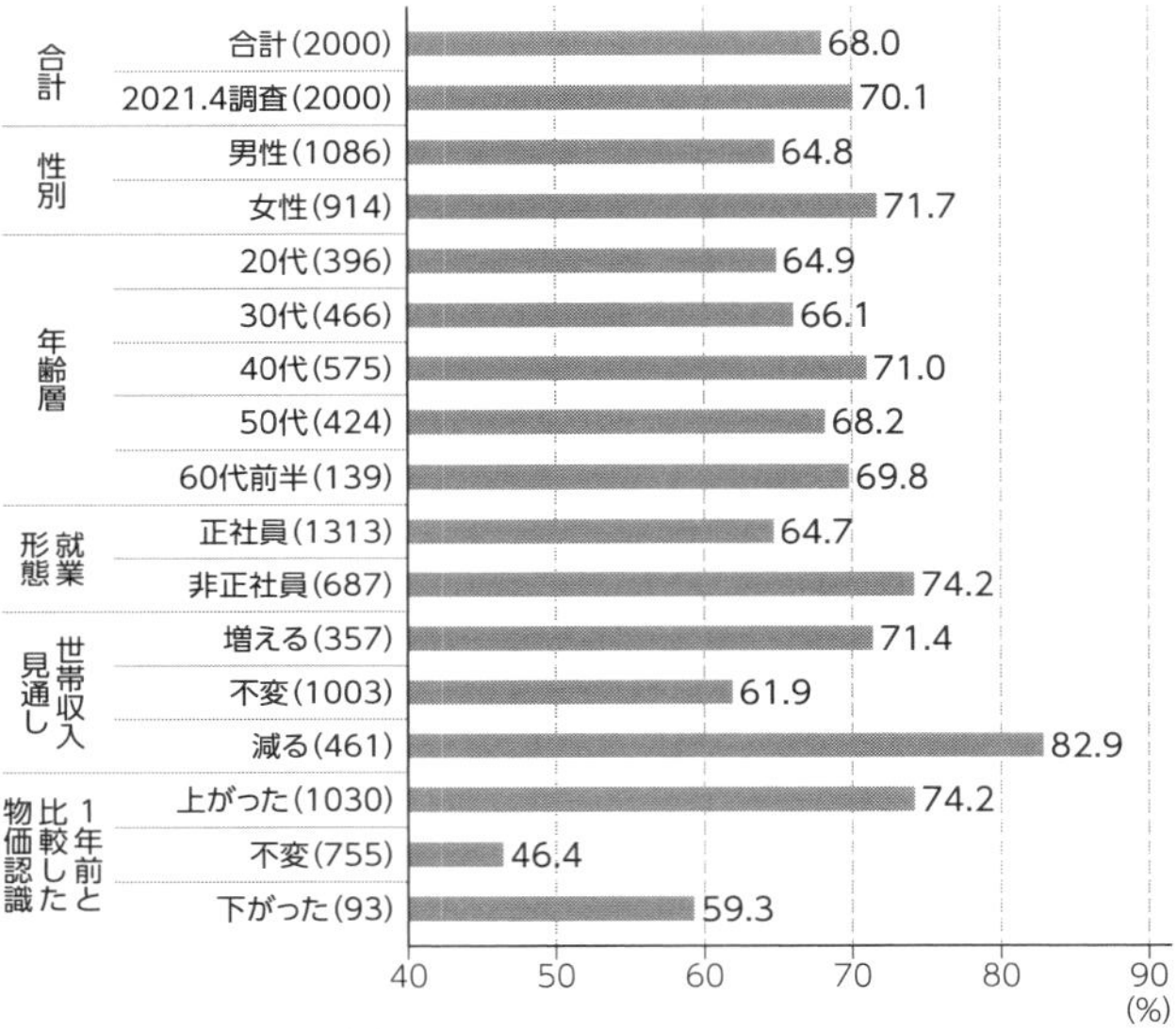

(注1)(　)内は、回答者数(N)

(注2)世帯収入見通しについて、〈増える〉=「かなり増える」+「やや増える」、〈減る〉=「かなり減る」+「やや減る」

(注3)1年前と比較した現在の物価認識について〈上がった〉=「かなり上がった」+「やや上がった」、〈下がった〉=「かなり下がった」+「やや下がった」

出典:連合総研「勤労者短観」

た、世帯収入の見通しが減ると答えた世帯となっている。1年前と比べて物価が上がったと認識している世帯の4分の3で、支出を切り詰めていた。

子どものいる世帯であれば、将来かかる学費のために支出を抑えるのは必須だ。文部科学省の「子供の学習費調査」（2018年度）から、幼稚園から高校（全日制）までの公私の学費が分かる。幼稚園から高校まで全て公立の場合にかかる学習費総額（学校教育費、学校給食費、塾や稽古などの学校外活動費）は、約544万円となる。幼稚園と小学校は公立で、中学受験をして中学と高校が私立だと約973万円。高校受験で高校だけ私立だと約697万円となる。

大学に進学した場合、国公立だと4年間でかかる費用は250万円前後となる。私立の場合、文科相「私立大学等の入学者に係る学生納付金等調査結果」を見ると、2021年度は初年度に納める授業料や入学金、施設設備費の合計は平均で約136万円だった。4年間となれば約415万円もかかる。

そして、自分たちの老後破綻の心配もある。「老後2000万円問題」が波紋を広げたことを覚えている人も少なくないだろう。

2019年に金融審議会の市場ワーキング・グループが出した「高齢社会における

資産形成・管理」の報告書の内容が話題になった。高齢夫婦で無職の世帯の平均的な姿として、毎月の赤字額が約5万円であることから、赤字を補塡するには金融資産を取り崩すことになり、人生100年時代のなかでは老後の30年で約2000万円の取り崩しが必要だと試算されたからだ。

目の前の生活で精いっぱいなうえ、子どもの学費と自分の老後の費用も必要。いったい、いくら必要なのか。老後破綻は目の前にある。

老後破綻と隣り合わせの財政破綻

就職氷河期世代の雇用問題を放置したまま高齢者になったとき、生活保護費が膨らみ財政破綻を招きかねない。

かつて総合研究開発機構（NIRA）は、レポート「就職氷河期世代のきわどさ」（2008年）で就職氷河期世代を放置した場合に将来かかる生活保護費を試算している。同レポートでは、2002年時点で非正規雇用と無業者が65歳以上になった時の潜在的な老後被保険者数は77万4000人で、仮に全員が65歳から死ぬまで生活保護を満額受け取った場合に必要な追加的な予算額は、約17兆7000億〜19兆3000億円

将来高齢貧困に陥りかねない人

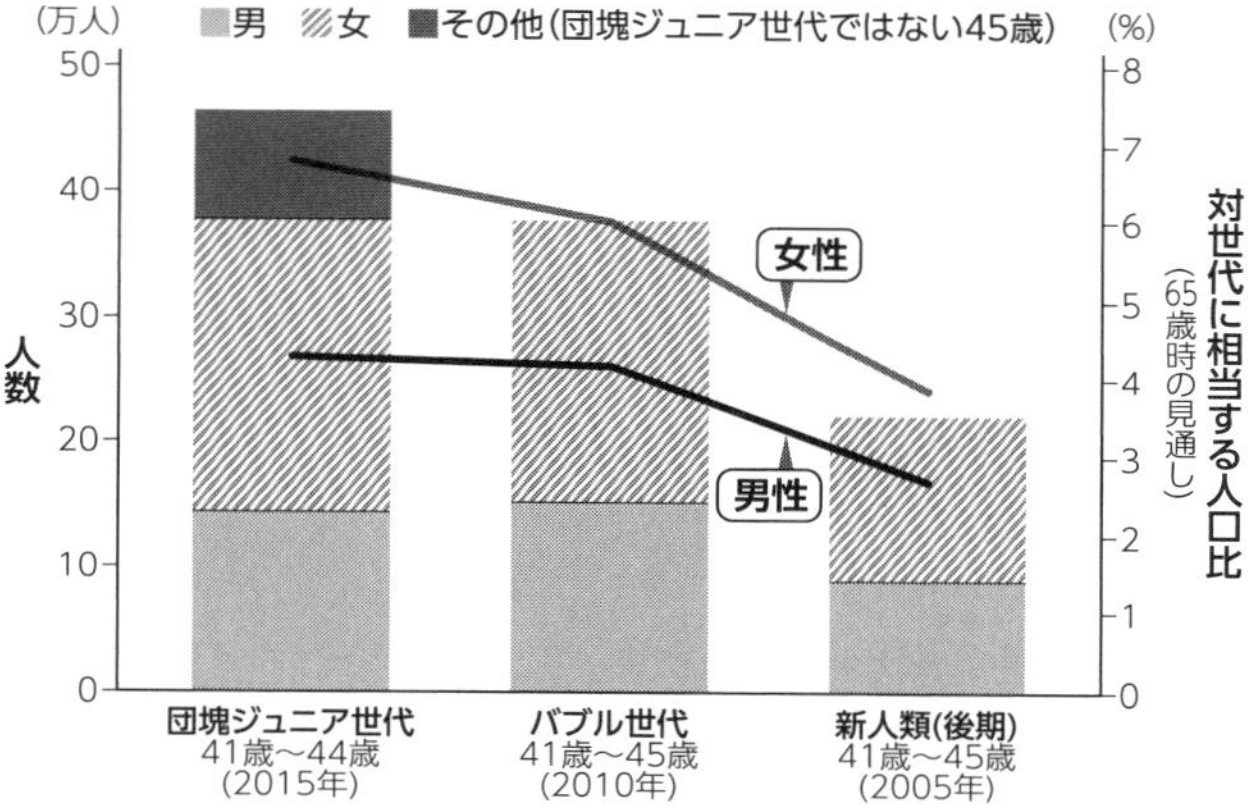

(注)将来(65歳)の人口推計は出生中位・死亡中位
出典:日本総研「団塊ジュニア世代の実情」

だと試算している。

　最近では、日本総研の下田裕介主任研究員が同様の試算をしている。就職氷河期世代のうち高齢貧困に陥る可能性があるのが約１３５万人に上り、存命のうちに生活保護を受給し続けると約27兆５０００億円が必要になるという。

　２０２２年の国家予算は、１０７兆６０００億円。うち約2割が国債費で過去の借金と利息が占めるというなか、生活保護費が膨らめば財政破綻が余儀なくされるだろう。

社会保障負担の見通し

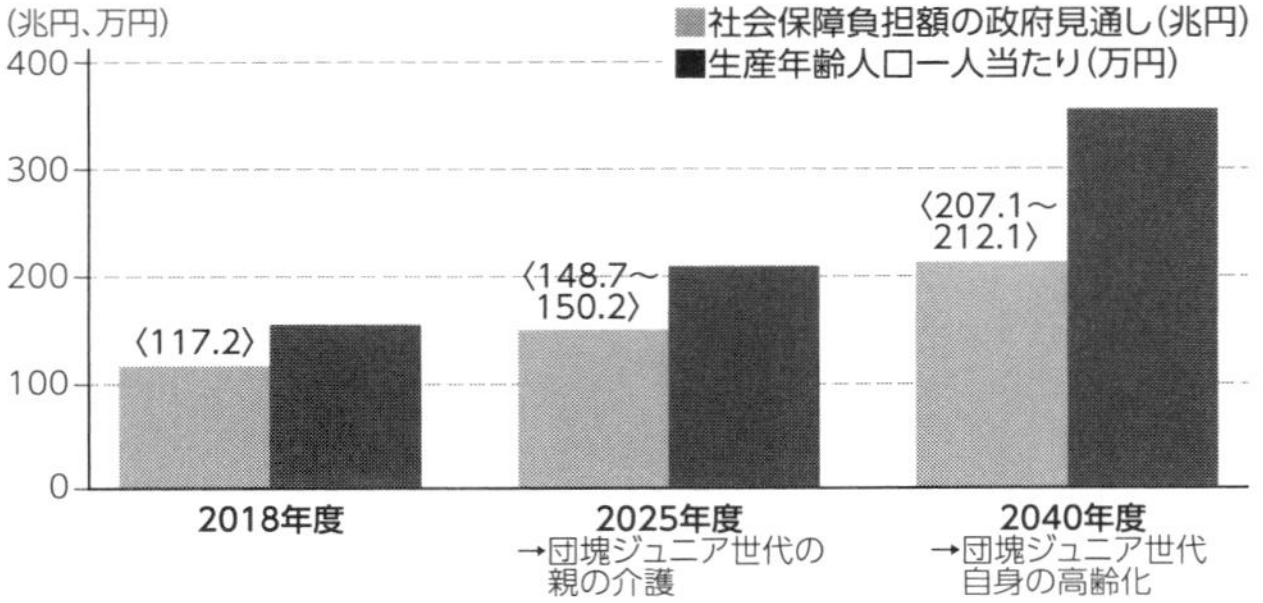

(注1)〈　〉内は社会保障負担額の政府見通し。医療は単価の伸び率について2通りの仮定を置いているため、幅を持って示している
(注2) 社会保障負担額の政府見通しは、政府が想定する「成長実現ケース」のもと、地域医療構想、および介護保険事業計画が計画通り進んだ場合
(注3) 社会保障負担には国民健康保険など高齢者の負担も一部含まれている
(注4) 将来の人口推計は出生中位・死亡中位
出典:日本総研「団塊ジュニア世代の実情」

解決策はないのか

どうやって目の前の氷河期世代を救えばいいのか。これまでの取材を振り返ると、東京都の「東京しごと塾」や富山県の取り組みに希望が見える。

東京しごと塾とは、政府が氷河期世代支援に乗り出す4年前の2015年度から、東京都が独自に行っている就職支援事業で、30～54歳の非正規社員を対象に行われる。事業の管理は東京しごと財団が行っている。実際の企画運営は東京しごと財団から人材ビジネス会社大手のパソナとパーソルテンプスタッフに委託されている。

腰を据えて訓練できるよう受講期間

は2ヵ月間とされ、1期当たり原則として20人程度の少人数制で実施される。日々の生活に困らないよう、都から日額5000円の就活支援金が支給され、受講後3ヵ月の就職支援と定着支援が行われる。

ビジネスマナー、応募書類の作成、面接の練習などを行ったうえでグループを組み、東京しごと塾があらかじめ協力要請した企業にアポイントをとって訪問していく。会社の特徴などをヒアリングして、訪問企業をどうPRするか企画会議を重ね、最終日は企業の担当者を招いてプレゼンテーションを行う。グループワークを通して塾という〝仮想職場〟で〝働く〟体験をする。

支援のカギとなるのは、手厚いキャリアカウンセリングだ。ジョブトレーナー1人が受講生5人を担当し、その人が得意なことを見つける。受講生は「失敗した」「何をしたいのか分からない」などそれぞれに後ろ向きになっている。ジョブトレーナーは受講生が失った自信を取り戻し、一歩踏み出せるよう自己肯定感を引き上げていく。就職活動でマイナスイメージがつきがちな非正規雇用や無業の期間の長さをポジティブに捉えられるようにするのが、ジョブトレーナーの役割となる。

東京しごと塾の初年度2015年度の受講生は205人、86人が就職したうち、正社員が45人だった。直近ではコロナの影響を受けつつも採用状況は堅調で、2021年度の受講生は117人、90人が就職して55人が正社員になって卒業した。

ある男性は都内の有名大学を卒業後、1年だけ正社員で働いた。メンタルヘルスを崩して辞めて以降、サービス業で契約社員やアルバイトの職を転々としていたが、小売業への正社員入社が決まった。また、20代の頃に正社員で働いた経験が3ヵ月だけという男性は、16年間も無業状態だったが、ジョブトレーナーと一緒に「自己紹介書」を作り、面接の練習を繰り返すうち、就職活動に前向きになり状況が好転。初歩的なITスキルでも可能なシステム保守職で採用された。

「もうすぐ40歳。それまでに何とか正社員になりたい」と年齢を強く意識した男性は一歩踏み出し、東京しごと塾に訪れた。チームを組んでコミュニケーションを図ることで働く意識が高まった。自分と似た境遇の仲間と知り合えたことで気持ちが救われ、過去を振り返って、自分に足りないものを学んでいくことができたという。

東京都は現在、コロナ関連の就労支援対策も実施しており、2021年度から2年間で5000人を支援する。求職者は、正社員を採用したい企業でまず派遣社員として最大2ヵ月、最大3社までで働き、企業風土や適性を見極めることができる。派遣期間中の費用は都が負担し、採用後に職場定着を図る企業には助成金制度を用意している。

個人の力ではどうしようもない不景気と規制緩和の波に呑まれた就職氷河期世代には、メンタルのケアも必要だ。そうしたサポートと、社員を育てようという意識のある中小企業とのマッチングを図ることができれば、まだ諦めなくても良いのではないか。

ＵＩＪターン就職に注力する富山県

地元の中小企業と学生とのマッチングを図るため、継続してＵＩＪターン就職に力を注ぐのが富山県だ。富山県は、地元の知られざる優良中小企業の紹介を積極的に行う。それと同時に、地域の魅力も伝えることで「富山で暮らし、働く」というイメージを膨らませている。

筆者が最初に富山県に関心を持ったのは、週刊「エコノミスト」で働いていた時だった。富山県が15～34歳の正社員比率が全国１位だったことで注目した。女性就業率の高さなども際立ち、取材を重ねた。日本海側は工業集積地で、一人当たり製造品出荷額や一人当たりの付加価値額も全国平均と比べ高い。可処分所得の高さや、持ち家比率の高さなど客観的な指標からも、豊かな暮らしが期待できる。

ニッチな市場で圧倒的なシェアを誇る企業が多く、高い付加価値あるものづくりが行われている。ＹＫＫ、不二越など有名企業はもちろん、シーケー金属の「環境対応型溶融亜鉛めっき」、富山村田製作所の「パソコン用ショックセンサ」は世界シェアトップクラスで、その他にも数多くの優良企業がある。また、富山は「薬売り」で知られるように、医薬品生産拠点として工場が集まっている。

県の事業として２００５年度から始まった、東京や大阪などで開催されるＵターン就職セミナー「元気とやま！就職セミナー」は継続して行われ、年々、工夫が凝らされている。富山県で行われる合同説明会は、学生が実家に帰省する正月を狙って行われる。

富山市や高岡市にある企業巡りをする「とやま就活バスツアー」、女子学生が富山の企業の女性社員とお茶をしながら語り合う「就活女子応援カフェ」（現在はオンライン開催）が企画されるなど、あの手この手で、進学で都市部に出た学生に地元の企業を知ってもらうチャンスを作っている。

バスツアーは夏休みなどを使って大学3年生が県内の企業2～3社を回る。いくつかのコースがあり、各コース20人を定員に、会社説明会、職場見学、若手社員との座談会が行われる。バスツアーで訪問する2～3社は、学生が好みそうな目玉となるネームバリューのある企業とセットで、学生にとっては身近に感じないだろうけれどニッチ市場でトップをとっているような地元の優良な中小企業を意図的に組み合わせている。

こうした取り組みが奏功するのには土壌があり、富山県では全国に先駆けて中学2年生が地元企業で5日間の本格的な職業体験をする「14歳の挑戦」が行われていた。それは、単なる職業体験ではなく、地域が子どもを見るという意味合いが強い。

Uターン事業などを担当していた富山県庁の山本慎也さんは、過去の取材でこう語っていた。

「富山県では、リーマンショックの後も高校生の内定率は落ち込まなかった。それは医薬品会社などの業績の伸びだけではありません。地元の中小企業はたとえ経営が苦しくても、高校生を採用しようと、高校との信頼関係を大事にしていました。14歳の挑戦、高校生や大学生のインターンシップを引き受けるのは企業に負担がかかるものですが、つながりを大事にする富山県らしさがあるのです」

その言葉通り、地元企業が社員を育てようとする意識が高い。中小企業は各社が毎年新卒採用しているわけではないため、富山県中小企業家同友会は合同で新人研修やフレッシュマン・フォローアップ研修を行うなど、協力し合って若手社員を育てる。就職氷河期世代についても、ある社長は「誰にとっても、何かしらできる仕事はある。丁寧に教えていけばスキルアップも可能なはずだ」と採用意欲を見せる。

就職氷河期世代支援とは異なるが、最近では、富山県中小企業家同友会は「お試し就労」に取り組もうと準備を進めている。地元の産婦人科医であり県議でもある種部恭子さんが児童養護施設、母子支援・女性支援団体と取り組む、ドメスティック・バイオレンスや虐待などの影響で発達の課題やトラウマを抱える人への就労支援に協力する。

傷ついた体験から仕事が続かないケースがあることから、中小企業がリハビリ的に「お試し就労」として受け入れ、家庭機能がない子どもや若者の就労に寄り添う「職親」になる。小さな仕事を作って、仕事という名の居場所を作り、寄り添うことで自立を支えるというもの。ある中小企業家同友会のメンバーは、「同じように就職氷河期世代に向けてもいい取り組みだ」と展望しており、ここに、一筋の希望の光が見える。

鍵となるのは、人と地域を大切にする優良な中小企業との出会いだろう。

とだ。

高付加価値のものづくりへ

就職氷河期世代への直接的な支援と並行して、中長期的な取り組みも必要だ。コロナショックで鮮明となったのは、雇用の受け皿となる産業があまりにもろいということだ。

産業別に全体の就業者数を見ると、2021年平均で卸売業・小売業が最も多い1062万人で全体の15・9%を占める。女性については、就業者が666万人と最も多い医療・福祉業が、コロナによる利用控えなどで病院や介護施設はとたんに赤字に陥った。宿泊業、飲食サービス業で働く女性も229万人と多く、打撃を受けた。

これまで外国人旅行客を狙ったインバウンド政策に安易に頼ったツケが回り、多くのコロナ解雇につながった。今こそ、産業構造の転換が迫られている。それには、薄利多売のサービス・飲食業から、高付加価値のものづくりへの原点回帰が必要なのではないだろうか。

工業高校生向けのフリーマガジン「チョイス!」の阿部伸編集長はこう話す。

「技能は最終的には人間の手によって作られ、使われる。技術を学んで産業用ロボットを扱うことができるようになれば、収入も変わる。そもそも産業用ロボットを作ることのできる人材が不足しているため、高校生のうちからものづくりを学ぶことで可能性が広がっていく。日本がもつポテンシャルを守るためにも、工業高校の価値を改めて考えるべきです」

東京都立六郷工科高等学校の福田健昌校長も、日本のものづくりへの原点回帰に期待する。

「コロナで輸入が止まり、国内の生産拠点が見直されています。Made in Japan はまだ健在です。やはり精度が高い。たとえば当校の近隣では大田区にある町工場が高い品質を保証できる。ものづくりが好きで入学し、高卒で就職して年収1000万円を超えるようになる卒業生もいます。女性も活躍しています。小学生くらいからものづくりに触れ、興味をもつ子どもが増えるように、地域との交流も深めています」

現在、教育界では〝効率経営〟が求められて、機械設備費などが高い工業高校を廃校にする傾向があるが、それは間違いだ。

雇用の受け皿だったサービス業や小売業が新型コロナウイルスで大打撃を受け、非正規雇用から真っ先にクビが切られたことを考えれば、グローバル経済の限界が見え、課題は明確になったはずだ。良質な雇用を生み出せる付加価値の高い製造業に原点回帰し、工業高校や国立高等専門学校などの良さを見直し、長い目での教育が必要とされる。

安すぎるこの国の絶望的な生活

そして、不安定な非正規雇用をなくさなければならない。これこそ、原則、正社員にするよう大胆な改革が必要だ。企業が社会保険料の負担を逃れたいために業務請負契約などを拡大させるのであれば、もう、その仕組みそのものを抜本的に変えて、労働者全員に社会保険や雇用保険が適用されるようにしなければならない。社会保障をどう変えていくのか、国は正面から取り組む時に来ている。

筆者はこれまでも提案しているが、たとえば「格差是正法」を作り、行き過ぎた規制緩和を正していかなければならないのではないか。あたかも何かが変わるような気になるだけの「改革」から目を覚まさなければならない。

それは、年収443万円という、実は安すぎるこの国の絶望的な生活を直視することから始まる。

「お昼ご飯は500円以内」

「スタバで705円もする和三盆ほうじ茶フラペチーノなんて贅沢」

「小遣いは月1万5000円。外食はおごってもらえる人としか行かない」

「ペットボトルのお茶を買うなんてもったいない。水筒を持っていく」

「携帯電話はUQモバイルに乗り換えて月5000円浮かす」

「スーパーでは半額シールがついているものを買う」

「マクドナルドのセット800円に手が届かない」

「たまねぎ1個80円なんて買えない」

「娘の習い事をひとつ減らさなきゃ」

「飲み会に行けば5000円かかるから、行かない」

「何の料理を作りたいかじゃなく、何が安いかでメニューを考える」


今、私たちは、こういう社会に生きている。

おわりに

うかうかしていると、これはヤバイかも、節約しなきゃ。本書を読んで、そう慌てた人も多いのではないだろうか。取材をしながら私自身、もっと出費を抑えて真面目に貯金しなければと、我が身を振り返っている。そして同時に、読者の多くが思ったことだろう。これでは、景気が良くなるわけがない、と。

私が社会人になった２０００年は、バブル経済が崩壊したあとの「失われた10年」と呼ばれた時代だった。経済対策も雇用対策も、ほとんどの問題が「先送り」された。そのまま政府は安易な規制緩和で不況対策をしのぐふりをした。

そして、２００８年のリーマンショックで「失われた20年」になった。官製相場のアベノミクスや外国人観光客のインバウンドで、見せかけの景気回復が訪れると、日本は、またも根本的な問題から目を背けた。今、新型コロナウイルスによる景気後退の「コロナショック」で「失われた30年」に突入している。

雇用をはじめとした規制緩和は、着実に収入の差を作り出した。国税庁の調査から２０００年と２０２１年の年収を比べると、年収２００万円以下は８２４万７０００

人（構成比18・4％）から1126万2000人（同21・4％）へと増えている。定年延長や高齢の労働者が増えていることも一因となるだろうが、低所得者は確実に増えている。

一方、年収2000万円以上の高額所得者を比べると、17万8000人（同0・4％）から30万2000人（同0・6％）へと増えている。この格差を当たり前のように受け入れてしまって、いいのだろうか。

私たちは日々の生活で精いっぱいになり、考える余裕をなくしている。私たちが「思考停止」状態に陥ることは、為政者や経営者にとって都合がいい。どんどん一部の利益にしかならない政治になり、私たちはますます考える余裕をなくしていく。

そのなかでは、何か強そうに見える、閉塞感を打ち砕いてくれそう、自分の得になりそう――そんなフレーズに飛びついてしまいがちで、選挙結果やSNSのトレンドに現れる。それは、日本経済が目先の利益を求めて人件費を削り、人を大事にしない社会を作り上げた結果なのだろう。今、スーパーでだけでなく、多くの人が〝割安〟で〝自分にとって得〟なものを求めている。人間のものさしが、短いものしかはかることができなくなっている。

社会全体のことを考えなければ、不利益が予想以上に大きくなって自分に返ってくる。分かっているけど、自分ひとりで何かができるわけではないと思う。それが、私たちが抱える漠然とした不安の本当の正体なのではないか。私たちが今、どういう社会に生きているかを知り、そこから一人ひとりが考えていかないと、日本は完全に沈没してしまうだろう。

本書を手にし、どこか共感し、社会の矛盾を感じる人がいれば、そこから社会全体を覆う思考停止状態を脱することができるのではないか。30年、40年にわたって作り上げられた格差を生み出す構造問題があることを改めて振り返り、客観的に今の自分の生活を見つめ直したとき、「あれ？　やっぱり何かおかしくないか」と思うことが、新たな始まりとなるはずだ。

多くの人の共感を得られるよう、編集者の佐藤慶一さんのアドバイスでルポは一人称で書き、平均年収の生活を追った。私にとって、新たな気づきが多かった。佐藤さんはじめ、取材に協力してくれた方々に、深く感謝したい。

2022年11月

小林美希

講談社現代新書　2684

年収《ねんしゅう》443万円《まんえん》　安《やす》すぎる国《くに》の絶望的《ぜつぼうてき》な生活《せいかつ》

二〇二二年一一月二〇日第一刷発行

著者　小林美希《こばやしみき》　© Miki Kobayashi 2022

発行者　鈴木章一

発行所　株式会社講談社

東京都文京区音羽二丁目一二—二一　郵便番号一一二—八〇〇一

電話　〇三—五三九五—三五二一　編集（現代新書）

〇三—五三九五—四四一五　販売

〇三—五三九五—三六一五　業務

装幀者　中島英樹／中島デザイン　図表制作　株式会社アトリエ・プラン

印刷所　株式会社ＫＰＳプロダクツ

製本所　株式会社国宝社

定価はカバーに表示してあります　Printed in Japan

N.D.C. 360　219p　18cm

ISBN978-4-06-529928-9

「講談社現代新書」の刊行にあたって

教養は万人が身をもって養い創造すべきものであって、一部の専門家の占有物として、ただ一方的に人々の手もとに配布され伝達されうるものではありません。

しかし、不幸にしてわが国の現状では、教養の重要な養いとなるべき書物は、ほとんど講壇からの天下りや単なる解説に終始し、知識技術を真剣に希求する青少年・学生・一般民衆の根本的な疑問や興味は、けっして十分に答えられ、解きほぐされ、手引きされることがありません。万人の内奥から発した真正の教養への芽ばえが、こうして放置され、むなしく滅びさる運命にゆだねられているのです。

このことは、中・高校だけで教育をおわる人々の成長をはばんでいるだけでなく、大学に進んだり、インテリと目されたりする人々の精神力の健康さえもむしばみ、わが国の文化の実質をまことに脆弱なものにしています。単なる博識以上の根強い思索力・判断力、および確かな技術にささえられた教養を必要とする日本の将来にとって、これは真剣に憂慮されなければならない事態であるといわなければなりません。

わたしたちの「講談社現代新書」は、この事態の克服を意図して計画されたものです。これによってわたしたちは、講壇からの天下りでもなく、単なる解説書でもない、もっぱら万人の魂に生ずる初発的かつ根本的な問題をとらえ、掘り起こし、手引きし、しかも最新の知識への展望を万人に確立させる書物を、新しく世の中に送り出したいと念願しています。

わたしたちは、創業以来民衆を対象とする啓蒙の仕事に専心してきた講談社にとって、これこそもっともふさわしい課題であり、伝統ある出版社としての義務でもあると考えているのです。

一九六四年四月　野間省一

政治・社会

1145 冤罪はこうして作られる　小田中聰樹
1201 情報操作のトリック　川上和久
1488 日本の公安警察——青木理
1540 戦争を記憶する——藤原帰一
1742 教育と国家——高橋哲哉
1965 創価学会の研究——玉野和志
1977 天皇陛下の全仕事——山本雅人
1978 思考停止社会——郷原信郎
1985 日米同盟の正体——孫崎享
2068 財政危機と社会保障——鈴木亘
2073 リスクに背を向ける日本人　山岸俊男／メアリー・C・ブリントン
2079 認知症と長寿社会——信濃毎日新聞取材班
2115 国力とは何か——中野剛志
2117 未曾有と想定外——畑村洋太郎
2123 中国社会の見えない掟　加藤隆則
2130 ケインズとハイエク　松原隆一郎
2135 弱者の居場所がない社会　阿部彩
2138 超高齢社会の基礎知識　鈴木隆雄
2152 鉄道と国家——小牟田哲彦
2183 死刑と正義——森炎
2186 民法はおもしろい——池田真朗
2197 「反日」中国の真実——加藤隆則
2203 ビッグデータの覇者たち——海部美知
2246 愛と暴力の戦後とその後——赤坂真理
2247 国際メディア情報戦——高木徹
2294 安倍官邸の正体——田﨑史郎
2295 福島第一原発事故 7つの謎　NHKスペシャル『メルトダウン』取材班
2297 ニッポンの裁判——瀬木比呂志
2352 警察捜査の正体——原田宏二
2358 貧困世代——藤田孝典
2363 下り坂をそろそろと下る　平田オリザ
2387 憲法という希望——木村草太
2397 老いる家 崩れる街　野澤千絵
2413 アメリカ帝国の終焉　進藤榮一
2431 未来の年表——河合雅司
2436 縮小ニッポンの衝撃　NHKスペシャル取材班
2439 知ってはいけない——矢部宏治
2455 保守の真髄——西部邁

経済・ビジネス

350 経済学はむずかしくない〈第2版〉──都留重人
1596 失敗を生かす仕事術 畑村洋太郎
1624 企業を高めるブランド戦略──田中洋
1641 ゼロからわかる経済の基本──野口旭
1656 コーチングの技術──菅原裕子
1926 不機嫌な職場──高橋克徳 河合太介 永田稔 渡部幹
1992 経済成長という病──平川克美
1997 日本の雇用──大久保幸夫
2010 日本銀行は信用できるか 岩田規久男
2016 職場は感情で変わる 高橋克徳
2036 決算書はここだけ読め!──前川修満
2064 決算書はここだけ読め! キャッシュ・フロー計算書編 前川修満
2125 ビジネスマンのための「行動観察」入門 松波晴人
2148 経済成長神話の終わり アンドリュー・J・サター 中村起子 訳
2171 経済学の犯罪──佐伯啓思
2178 経済学の思考法──小島寛之
2218 会社を変える分析の力 河本薫
2229 ビジネスをつくる仕事 小林敬幸
2235 20代のための「キャリア」と「仕事」入門──塩野誠
2236 部長の資格──米田巖
2240 会社を変える会議の力 杉野幹人
2242 孤独な日銀──白川浩道
2261 変わった世界 変わらない日本──野口悠紀雄
2267 「失敗」の経済政策史 川北隆雄
2300 世界に冠たる中小企業 黒崎誠
2303 「タレント」の時代──酒井崇男
2307 AIの衝撃──小林雅一
2324 〈税金逃れ〉の衝撃 深見浩一郎
2334 介護ビジネスの罠──長岡美代
2350 仕事の技法──田坂広志
2362 トヨタの強さの秘密 酒井崇男
2371 捨てられる銀行──橋本卓典
2412 楽しく学べる「知財」入門──稲穂健市
2416 日本経済入門──野口悠紀雄
2422 捨てられる銀行2 非産運用──橋本卓典
2423 勇敢な日本経済論──髙橋洋一 ぐっちーさん
2425 真説・企業論──中野剛志
2426 東芝解体 電機メーカーが消える日 大西康之